墨香财经学术文库

农民工就业稳定性的状况、对市民化的影响及应对策略

The Employment Stability of Rural Migrant Workers, Its Impact on Citizenization, and Coping Strategies

周闯 著

东北财经大学出版社 大连
Dongbei University of Finance & Economics Press

图书在版编目（CIP）数据

农民工就业稳定性的状况、对市民化的影响及应对策略 / 周闯著. —大连：东北财经大学出版社，2024.3
（墨香财经学术文库）
ISBN 978-7-5654-5052-5

Ⅰ.农… Ⅱ.周… Ⅲ.农民工-劳动就业-研究-中国 Ⅳ.D669.2

中国国家版本馆CIP数据核字（2023）第255777号

东北财经大学出版社出版发行
大连市黑石礁尖山街217号 邮政编码 116025
网 址：http://www.dufep.cn
读者信箱：dufep @ dufe.edu.cn
大连永盛印业有限公司印刷

幅面尺寸：170mm×240mm 字数：172千字 印张：12 插页：1
2024年3月第1版 2024年3月第1次印刷
责任编辑：时 博 王 斌 责任校对：刘贤恩
封面设计：原 皓 版式设计：原 皓
定价：60.00元

教学支持 售后服务 联系电话：（0411）84710309

本书由
“东北财经大学学术专著出版资助”
资助出版

前言

党的十一届三中全会开启了中国经济体制改革之门，此后，商品市场、资本市场和劳动力市场的改革持续推进，中国的经济发展取得了令世界瞩目的成就。三大基础市场中的劳动力市场变革更是令人印象深刻。从劳动力流动的严格限制到劳动力的自由流动，从农村劳动力的冗余过剩到人口红利优势的不断兑现，从农转非的刚性约束到城镇落户制度障碍的不断破除，企业利润最大化和劳动力收入最大化的激励机制不断优化劳动力资源的配置，使中国的人口优势得以最大限度发挥，为中国经济持续快速的发展提供了支撑。

在劳动力流动促使人力资源实现更优配置的过程中，农村劳动力向城市的迁移最为世界所惊叹。随着农村经济改革的推进，农业生产率持续提高，农村大量劳动力的边际产出几乎为零，在家庭收入最大化的激励下，这些劳动力从事非农工作就成为必然的选择，这也倒逼限制劳动力流动制度的改革，农村劳动力的流动范围也从本地流动扩大到跨乡镇、跨区县、跨市以及跨省。国家统计局自2010年开始每年发布《农民工监测调查报告》，报告显示，农民工数量由2009年的22 978万人增加至2019年的29 077万人，其中外出农民工由14 533万人增加至2019年的17 425万人。按照2019年城镇常住人口84 843万人来看，外出农民工已经占到城镇常住人口的20.53%。

劳动力由农村向城市的横向流动已基本无限制，但农民工在城镇的纵向融合却面临诸多困难。为改善劳动力资源的配置，释放更大的经济增长动力，户籍制度改革也不断推进，并且近些年的改革呈加快趋势，限制劳动力流动的身份制度已逐渐破除。农村劳动力向城镇的流动，不仅提高了农村地区的收入水平，也使城乡收入差距得以缩小，但不可否认的是，农民工在城镇的融合依然存在难度，城镇化面临着诸多挑战。2019年年末，中国的常住人口城镇化率突破60%，但户籍人口城镇化率为44.38%，两者相差15.62个百分点，两种城镇化率的差别正是由那些长期在城镇生活居住，又不拥有城镇户口的农民工所形成。农民工不转换为城镇户籍，自然有不愿放弃农村户口所体现的收益因素，也有户籍制度改革不彻底的阻碍，但更多的是出于未来在城镇生活不确定性的考量。如何让流动农民工更好地实现城镇融合，不仅决定了中国能否实现高质量的城镇化，也决定了中国经济发展的质量。

户籍制度改革的深化使阻碍农民工城镇融合的制度藩篱不断被破除，就业质量成为农民工城镇融合的关键。伴随着顶层设计改革的推进，2014年国务院出台了《关于进一步推进户籍制度改革的意见》，此后，各地区户籍制度改革提速，农民工落户的制度障碍不断减少，在这样的背景下，农民工的城镇融合更多地取决于其对城镇未来生活的预期，而这种预期的关键则在于就业质量。2012年，中国16～59岁劳动年龄人口开始减少，2018年首次降到9亿人以下，在劳动力供给总量和结构发生改变的情况下，农民工的就业环境也在发生着改变，就业质量有所改善。《农民工监测调查报告》显示，2010年至2013年，外出农民工工资收入增幅均在10%以上，特别是2010年和2011年，增幅分别达到19.3%和21.2%，2014年之后增幅降到10%以下，但最低增幅也达6.3%。农民工工资收入的快速增长降低了与城镇本地居民的工资差距，宏观上表现为城乡收入差距的缩小、基尼系数的下降。

与工资的快速上涨不同，农民工就业质量的其他维度改善缓慢。由于工资是衡量就业质量最直接，也是最受关注的指标，因此，农民工工资水平的上涨被看作就业质量改善最好的证明。然而，就业质量是一个多维度概念，工资水平只是其中的一个维度，抛开工资来看，农民工的城镇职工医疗保险参保率在2008年为13.1%，至2014年仅增加至17.6%，周平均工作时间在2011年为49.7小时，至2016年仅下降至48.7小时。除这些较易观测的指标外，一个较易被忽视也不易观测的就业质量维度——就业稳定性，则需要给予特别的关注。在个体层面，持续稳定的就业无疑将会通过"干中学"机制实现专业人力资本的积累，而人力资本的积累才是各项就业质量指标改善的基础。

相较于城镇本地居民，农民工的就业稳定性较差，更换工作较频繁。较差的就业稳定性阻碍了农民工人力资本的积累，使他们无法有效突破职业瓶颈，实现就业层次的提升，这会阻碍农民工的城镇融合，抑制城镇化进程的推进。尽管劳动力市场也需要灵活性，从而在应对宏观经济环境冲击时能够保持足够的调整弹性，但过于灵活的就业模式不利于劳动力资源的有效利用，特别是在国家实施就业优先战略和促使农业转移人口有序实现市民化的背景下，这样的问题更需给予充分的重视。找到增强农民工就业稳定性的有效途径，从而使其就业稳定性向稳定和灵活的均衡点迁移，摆脱工作频繁更换而人力资本无法实现提升的困境，对于人口红利的二次开发具有较强的现实意义。

本书分析了农民工就业稳定性差的成因，着重探讨人力资本和户籍身份导致的劳动力市场分割对农民工就业稳定性的影响。在进一步分析了就业稳定性对农民工实现市民身份转变的影响后，将焦点转向增强农民工就业稳定性的策略。针对农民工人力资本不足的事实，分析政府职业技能培训对农民工就业稳定性的影响，针对劳动力市场分割导致农民工的就业途径以关系网络为主和工资水平长期低于城镇本地居民的事实，分析各种就业途径以及最低工资调整对农民工就业稳定性的影响，以期能够从政策可操作的角度找到增强农民工就业稳定性的策略，为加快农业转移人口市民化以及新型城镇化的推进提供建议。

本书的前两章给出了研究开展的背景、意义以及拟解决的问题。第1章对农民工的就业福利状况进行描述性分析，并与城镇本地居民的就业福利状况进行比较，给出农民工就业稳定性差的基本事实；之后，梳理就业稳定性的概念以及与之相关的就业灵活性和就业安全性的概念，明确了三者之间的联系和区别。第2章从变动趋势、影响因素以及所产生的经济后果三个角度，回顾国内外关于就业稳定性问题研究的进展，并加以评论，在对已有研究成果总结回顾的基础上，给出拟解决的问题。

第3章和第4章从理论和实证的角度分析了农民工就业稳定性差的成因。第3章基于农民工从农村迁移到城镇，在城镇转换工作积累专业技能，并且面对制度性分割导致市场劣势的事实逻辑，从劳动力迁移理论、工作搜寻理论、专业人力资本理论以及劳动力市场分割理论的视角分析农民工就业稳定性差的成因，同时探讨各种理论的适用性和不足，重点明确了较低的人力资本水平和劳动力市场的分割是导致农民工就业稳定性差的重要因素。第4章量化了人力资本和劳动力市场分割对农民工就业稳定性的影响，分析农民工人力资本因素对农民工就业稳定性的影响程度及改变，从劳动力市场分割的角度对比分析农民工与城镇工就业稳定性的差距及演变，给出差距变化的原因，并考察劳动力市场政策环境的整体改变对农民工就业稳定性的影响。

第5章和第6章关注农民工就业稳定性在农民工实现市民化身份转变中所发挥的作用，明确增强农民工就业稳定性的必要性。市民化程度从农民工永久迁移意愿和城镇消费水平两个方面加以刻画。在无客观约束的条件下，具有永久迁移意愿的农民工都能实现市民身份的转变，因此，城镇永久迁移意愿度量了市民化程度的上限。城镇消费水平不仅体现永久迁移意愿还体现了市民化的能力，永久迁移意愿较强且经济条件较好的农民工更愿意在城镇进行消费，更能实现市民身份的转变。就业稳定性对二者的影响程度和机理是这两章分析的重点。

第7章、第8章和第9章将分析视角转向特定的劳动力市场制度安排，试图从政策可操作性的角度找到增强农民工就业稳定性的策略。针对农民工人力资本不足的事实，第7章分析政府开展的职业技能培训项目对农民工就业稳定性的影响。职业技能培训项目是提升农民工人力资本水平的重要措施，现有评价研究更多关注的是其对农民工收入水平产生的影响，而忽略了其在就业稳定性上所发挥的作用。第8章和第9章则从劳动力市场分割的具体表现着手，分析包括劳动力市场中介在内的工作搜寻途径以及最低工资调整对农民工就业稳定性的影响。劳动力市场分割导致农民工的就业途径主要以非正规的关系网络为主，但随着劳动力市场的不断完善，中介机构在农民工就业中发挥的作用愈发明显，因此需要准确评价关系网络和中介机构对农民工就业稳定性的影响，第8章将对这一问题进行深入分析。最低工资制度是劳动力市场的重要制度安排，关于最低工资调整的评价研究更多关注就业和工资收入，同样对就业稳定性并没有给予充分的重视。劳动力市场分割导致农民工的工资水平较低，使其成为受最低工资影响较为明显的群体，最低工资对农民工就业稳定性产生了怎样的影响，第9章将就这一问题展开深入的分析。

周　闯

2024年1月

目录

1　农民工的就业福利状况与就业稳定性的概念

1.1　农民工就业福利状况及与城镇工的比较

自1978年实施市场化改革以来，将劳动力约束在农村和城镇的户籍制度不断松动，加之农业技术进步导致劳动生产率提升，大量的剩余劳动力从农业生产活动中释放，为获得更高的收入，这些劳动力不断突破劳动力市场的地域限制进入城镇劳动力市场工作。充足的劳动力资源使中国劳动密集型制造业的比较优势得以体现，为中国经济持续、高速发展提供了支撑，人口红利得以最大限度地兑现。农村转移人口在城镇从事非农工作，已经是重要的产业工人力量，为经济发展作出了巨大的贡献，却由于不具有城镇户籍，被赋予了一类特殊的称谓——农民工[①]。根据二元经济理论，农村劳动力向城镇转移可以缩小农业生产与

① 虽然在农村从事非农业生产活动的农民也可称为农民工，但在本书中，农民工仅指户籍所在地为农村地区的农业劳动力脱离第一产业，进入城市在第二、第三产业，通过社会劳动获得劳动报酬的乡城迁移劳动力。

非农生产边际效率的差异，实现农村收入向城镇收入的靠拢，是实现城镇化的必经之路。但从中国的经济现实来看，因受身份的限制，农民工的就业福利与城镇工相比还存在不小的差距。

图1-1给出了农民工与城镇单位就业人员工资的变动趋势。城镇单位就业人员月平均工资由2009年的2 687元增加至2019年的7 542元，外出农民工的月工资由2009年的1 417元增加至2019年的4 427元，前者年均涨幅6.09%，后者的年均涨幅7.83%，尽管农民工月工资增速要更高，但2009年较低的基数还不足以缩小其与城镇单位就业人员平均工资的绝对差距。考虑到农民工主要在制造业、建筑业以及服务性行业就业，并且就业的单位类型更多集中在私营企业的事实，将农民工的月工资与城镇私营单位就业人员的月平均工资加以对比，将会更加真实地反映出身份差异所体现出的工资差距。可以发现，除2011年外的其他年份，外出农民工的平均工资都要更低。由于城镇私营单位就业人员工资的统计中包含了农民工，因此，可以推断私营单位城镇本地居民的月平均工资要高于农民工。学术界对农民工与城镇工工资差距的成因进行了广泛的研究，一部分研究成果强调人力资本差距是工资差距的主要原因，认为教育水平的差距能够解释工资差距的较大部分（姚先国和赖普清，2004；刑春冰，2008）。另外一部分研究成果则强调劳动力市场分割所产生的歧视是工资差距的主要原因（Meng和Zhang，2001；王美艳，2005；邓曲恒，2007；金成武，2009）。尽管在人力资本差距还是歧视因素主导了工资差距上还存在争议，但农民工的工资低于城镇工则是不争的事实。

表1-1给出了2011年至2016年农民工工作时间的变动趋势。可以发现，农民工的过度劳动状况严重，并且未出现明显的缓解。2011年至2016年，农民工平均每月的工作天数几乎没有明显变化，尽管日工作超过8小时的农民工比重下降了5.1个百分点，但平均每天的工作小时数变化并不明显，周工作超过44小时的农民工占比也无明显的减少趋势。用平均每月的工作天数除以4.5再乘以平均每天的工作小时数可以估算农民工周平均工作小时数，这一数值要明显高于城镇就业人员调查周平均工作时间。由于城镇就业人员调查同时包含了城镇工和农民

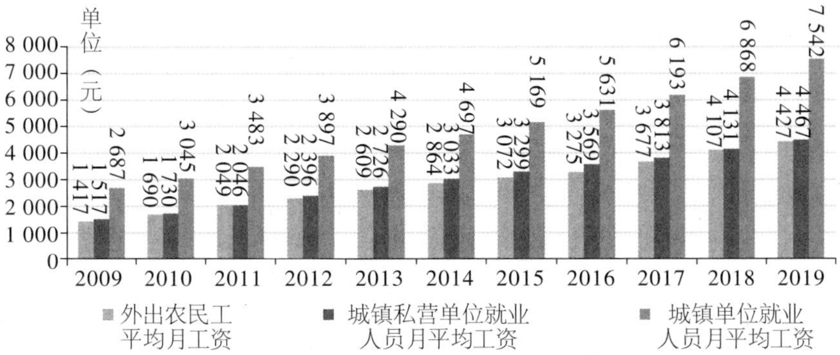

图1-1　农民工与城镇单位就业人员工资的变动趋势

注：外出农民工平均月工资根据历年《农民工监测调查报告》得到，城镇私营单位就业人员月平均工资和城镇单位就业人员月平均工资根据历年《中国统计年鉴》给出的年平均工资除以12得到。

工，可以推断农民工的周平均工作时间比城镇工要更长。此外，已有研究成果也表明农民工的过度劳动状况较严重。比如，李培林和李炜（2010）进行了“社会和谐稳定问题全国抽样调查”，以此为基础的分析发现，在农民工收入远低于城镇职工的情况下，农民工周平均劳动时间高出城镇职工近9个小时。郭凤鸣和柏丛明（2018）根据2012年和2014年中国家庭追踪调查数据（CFPS）得到男性农民工的平均周工作时间为58.39小时，女性农民工为54.95小时。对于农民工过度劳动的成因以及如何缓解农民工的过度劳动现象，现有的研究成果给出了一定的答案，比如提升农民工的受教育水平和劳动合同签订率，降低农民工的职业隔离等。这些都能够在一定程度上缓解农民工的过度劳动（郭凤鸣和柏丛明，2018），而最低工资的提升却加剧了农民工的过度劳动，应明确最低工资所对应的法定工作小时数，或实施小时最低工资制度（郭凤鸣和张世伟，2018；张世伟和杨正雄，2016）。

表1-1　**农民工工作时间的变动趋势**

指标	2011年	2012年	2013年	2014年	2015年	2016年
农民工平均每月工作时间（天）	25.4	25.3	25.2	25.3	25.2	25.2
农民工平均每天工作时间（小时）	8.8	8.7	8.8	8.8	8.7	8.7

续表

指标	2011年	2012年	2013年	2014年	2015年	2016年
日工作超过8小时的农民工比重（%）	42.4	39.6	41	40.8	39.1	37.3
周工作超过44小时的农民工比重（%）	84.5	84.4	84.7	85.4	85	84.4
农民工周平均工作时间（小时）	49.7	48.9	49.3	49.5	48.7	48.7
城镇就业人员调查周平均工作时间（小时）	46.2	46.3	46.6	46.6	45.5	46.1

注：农民工工作时间数据来自历年《农民工监测调查报告》，城镇就业人员调查周平均工作时间数据来自历年《中国劳动统计年鉴》。从2016年起，《农民工监测调查报告》不再报告农民工工作时间状况。

表1-2给出了农民工城镇就业各种社会保险参保率的变动趋势。2008年至2014年，在每项保险上，农民工的参保率都有所提升，特别是除工伤保险之外的其他四类保险的参保率提升较为明显，但从参保率的绝对数值来看，农民工在每种保险上参保率依然较低。为能够横向比较农民工的参保率和城镇工的参保率，以城镇单位就业人员数为分母，以城镇在岗职工参加养老保险的人数、城镇在岗职工参加医疗保险的人数、失业保险年末参保人数、工伤保险参保人数和生育保险参保人数分别作为分子，构造五项保险的参保率。由于城镇单位就业人员数既包括城镇工也包括农民工，因此构造出的参保率要小于城镇工的参保率。可以发现，2008年至2014年的每个年份，农民工各项保险的参保率都要低于相应的构造参保率，可以判断农民工的参保率与城镇工的参保率尚存在较大的差距。关于农民工城镇社会保险低参保率的成因，一个脉络的研究集中于制度因素对农民工社会保险参保的影响，包括城乡分割的二元体制（彭宅文和乔利滨，2005）、区域分割（张展新等，2007），保险异地转移的制度性瓶颈（赵曼和刘鑫宏，2009）等；另一脉络的研究则关注农民工的个人特征对参保意愿的影响，比如农民工的就业流动性强、收入不高、教育水平和职业技能低、社会关系网络的劣势等都会降低农民工的参保率（简新华和黄锟，2007；王冉和盛来运，2008；谢勇和李放2009，郭菲和张展新，2013）。

表1-2　　农民工城镇就业保险参保率的变动趋势（单位：%）

参保率	保险类型	2008年	2009年	2010年	2011年	2012年	2013年	2014年
农民工的参保率	养老	9.8	7.6	9.5	13.9	14.3	15.7	16.7
	医疗	13.1	12.2	14.3	16.7	16.9	17.6	17.6
	工伤	24.1	21.8	24.1	23.6	24.0	28.5	26.2
	失业	3.7	3.9	4.9	8.0	8.4	9.1	10.5
	生育	2.0	2.4	2.9	5.6	6.1	6.6	7.8
构造的参保率	养老	51.7	53.2	55.9	60.0	61.9	63.2	64.9
	医疗	46.7	49.2	51.3	52.8	53.5	53.6	53.5
	工伤	38.6	38.2	38.6	39.9	41.0	42.9	43.4
	失业	42.9	44.7	46.6	49.3	51.2	52.1	52.5
	生育	28.8	32.6	35.6	38.7	41.6	42.9	43.3

注：2015年后，《农民工监测调查报告》不再报告农民工保险的参保状况。

由于工资收入、工作时间和社会保险等就业福利指标更易被观察，也更易被农民工所感知，因此受到了政府、民众和学者的充分重视，而那些不易观察并且农民工感受也不直接的隐性就业福利指标却没有受到充分关注，其中，就业稳定性就是这样的福利指标之一。已有研究表明，农民工的就业稳定性较差，相较于城镇职工具有更高的工作转换频率。比如，Knight和Yueh（2004）比较了农民工和城镇职工流动的模式、影响因素和产生的结果，发现农民工的平均流动率大约是城镇职工的6倍；白南生和李靖（2008）对农民工的就业流动状态进行了分析，发现农民工就业流动频繁，平均工龄仅为3年。图1-2给出了农民工劳动合同签订率变动趋势。尽管签订劳动合同并不必然意味着就业的稳定，但劳动合同的签订在一定程度上体现了用工企业长期雇用农民工的意愿，农民工有较大的可能性实现稳定就业。2013年及以前年份农民工劳动合同的签订率都超过了四成，从2014年开始下降到四成以下，并且从2012年开始，这一比例呈现下降趋势，说明农民工的就业稳定性不强，并且就业稳定性有弱化趋势。

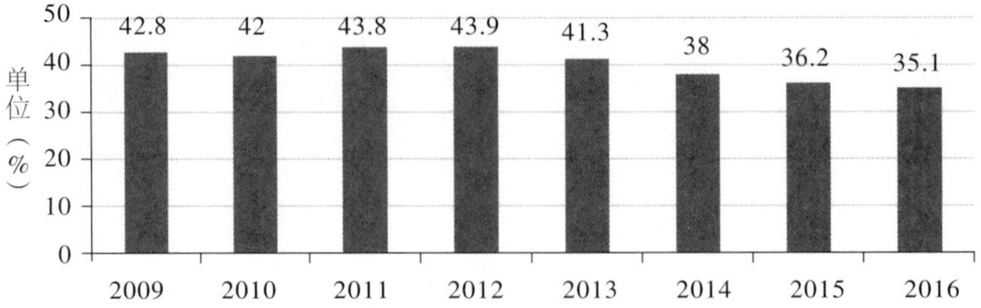

图1-2 农民工劳动合同签订率的变动趋势

注：数据依据历年《农民工监测调查报告》经分析得到，2017年后，《农民工监测调查报告》不再报告农民工劳动合同签订率。

1.2 就业稳定性的概念

经济学中的就业是指具有工作能力和工作意愿的劳动年龄人口，在遵循法律法规的基础上，利用生产资料完成某类社会劳动，由此获取经营或报酬收入用以满足生活需求的经济活动。在现实经济问题的分析中，就业既可以是宏观层面的分析，例如某个国家或某个地区的就业水平，常用的度量指标为就业率，也可以是微观层面的分析，比如一个人是否就业，通常是指其是否找到了某项具体的工作。

劳动力市场中的个体在某一时刻上会处于就业、失业和退出劳动市场三种状态，但从时间演变的角度来看，个体不会始终处于某一状态，而是会在三种状态之间发生转变：就业到失业、就业到退出劳动力市场、失业到就业，等等。就业稳定性（employment stability）的概念产生于个体在不同劳动力市场状态转变的过程之中，这一概念可以同时从宏观层面与微观层面加以阐释。在宏观层面，就业稳定性即失业率、就业率、劳动力总量或社会整体的平均任职期（average employment tenure）在一定时期内的变动状况，其中就业率和失业率最为直观，也最好理解。在微观层面，单个劳动者的工作稳定性（job stability）即被称作就业稳定性，以劳动者在某一岗位的工作任期加以度量，其他能够体现工作稳定性的指标还包括更换工作的频次和劳动合同期限等。

与工作稳定性相对应的一个概念是工作灵活性（job flexibility）。

Heintz（2004）认为，从企业角度看，聘用与解雇工人时的难易状况即为工作灵活性，从工人角度看，个人更换工作的频率体现为工作灵活性。通常认为工作稳定性的下降意味工作灵活性的上升，即工作灵活性是工作稳定性的反面概念。但随着经济全球化和产业结构的演化，全球劳动力市场均已出现明显的弹性化现象，在这样的背景下，工作灵活性的概念外延不断拓展。Brandt等（2005）在对经济合作与发展组织（以下简称OECD）中各国家工作策略的评价中指出，对于劳动力市场而言，工作灵活性的维度除工作性质的灵活性外，还应包括工作程序灵活性与工资灵活性等在内。Standing（1999）围绕劳动力市场灵活性展开论述，认为在放宽管制的同时，工会与政府也要适当降低干预力度，在确保劳动就业政策活力性与积极性的基础上，让劳动力市场的供求状况成为劳资双方制定用人标准的根本依据。

从企业管理的微观角度来看，就业的稳定性与灵活性对企业的发展都十分重要。就业的稳定性能够促使企业不断积累专业人力资本，有利于生产效率的改进，此外，企业在就业灵活性的刺激下才有动力持续创新。对劳动者而言，实现就业稳定是获取生活收入的基本保障，而在知识与信息高速发展的同时，兼具灵活性与个性化的工作内容也得到更多劳动者的青睐。除了劳动者和企业以外，试图在就业灵活性与和就业稳定性之间寻求最佳结合点的还有政策制定者等。彼得·奥尔和桑德森·凯斯（2005）表示："我们应该追寻的是劳动力市场中稳定性与灵活性的最佳结合，而不是劳动力市场灵活性的最佳程度。我们要研究劳动力市场的稳定性因素和灵活性因素，并检查其与经济增长、就业和工资、社会福利等相结合所产生的效果，以便找出稳定性与灵活性相结合的最佳实践，从而进一步加强体面工作和促进经济发展。"

与工作稳定性和灵活性相关的另外一个概念是工作安全性（job security）。工作安全性是指劳动者对于未来一段时间内失去现有工作岗位的主观认知（Clark和Postel-Vinay，2009）。关于工作安全性的讨论通常与工作灵活性联系在一起，主要有两种观点：一种观点认为二者之间是"权衡取舍（trade-off）"的关系（Heintz，2004）。依据这种观点，劳动力市场的灵活性和安全性之间存在冲突，灵活性增长，安全性必然下降，反之亦然。“偏向型技术进步”理论为这一观点提供了支撑（Muffels和Luijkx，2015），技术进步导致对低技能劳动力的需求减少，对高技能劳动力的需求增加，低技能劳动力的生产率不足以补偿其雇佣成本，用工企业试图削减低技能的工作岗位。在缺少培训等人力资本提升途径的情况下，低技能劳动力的职业生涯会遇到较强的障碍，甚至是被劳动力市场所淘汰，因此，增加的灵活性必然伴随着安全性的下降。也可以从相反的方向理解这一观点，即较高的安全性导致较低的灵活性，这一事实通常出现在劳动力市场管制较强的国家。较强的就业保护措施使用工企业在面对经济冲击时很难解雇劳动力，劳动力市场对劳动力需求改变的反应较为迟缓，因此劳动退出率较低，就业的灵活性较差。就业保护较为严格的西方发达国家逐渐意识到了劳动力市场存在的问题，为能够有效应对经济环境的不确定性，自20世纪80年代末90年代初逐渐开始了增加劳动力市场灵活性的改革，实施各种措施使企业用工的灵活性合法化，导致了安全性的明显下降。

另一种观点认为安全性与灵活性不仅不矛盾而且是相互促进的关系，即“灵活安全（flexicurity）”关系（Tangian，2004）。这种观点对灵活性和安全性之间的权衡取舍关系提出了质疑，认为如果用工企业和政府能够在劳动力市场运行中采用“知识经济”的逻辑，对劳动者整个职业生涯进行终身人力资本投资，提升其就业能力，那么劳动力市场的灵活性尽管会有所增强，但劳动者却能够不间断地处于就业状态，强化整个生命周期的工作安全性，在这种情况下，安全性和灵活性就能够实现相互促进，灵活性的实现促使工作安全性策略的实施，工作安全性又有利于灵活性的实现。较早在劳动力市场改革中采用这一逻辑的国家是丹麦（Madsen，2002）。丹麦较弱的就业保护法使雇主能够相对容易地在短期内雇用和解雇劳动力，因此劳动力市场具有较强的灵活性，同时较为慷慨的福利制度减少了劳动者失去工作的担忧，并且包括培训在内的一系列积极劳动力市场政策使失去工作的劳动者又能够在较短的时间内再次就业，较弱的劳动保护、慷慨的福利系统和积极的劳动力市场政策三者的共同作用实现了灵活性和安全性的结合。总体来看，安全性和灵活性究竟是“权衡取舍”还是“灵活安全”，更多地取决于一个国家整体的经济环境以及劳动力市场制度的安排。

计划经济制度下的城镇劳动力市场具有完全的稳定性，导致了劳动力市场效率的损失。随着劳动力市场改革的推进，传统体制部门的冗余劳动力不断被释放到体制之外，劳动力市场的灵活性逐渐增强。同时，在城乡分割劳动力市场制度藩篱被逐渐破除的情况下，大量的农民工进入城镇工作，为城镇劳动力市场注入一股洪流，无形中促进了灵活性的实现。现实是，农民工的就业灵活性有余，而稳定性严重不足，就业稳定性差不利于农民工人力资本的积累，并由此产生了一系列问题，比如，农民工工资收入的增长不具有持续性、城镇社会保险的参与意愿不强、企业透支农民工工作时间等，这些问题都会对中国的城镇化战略产生影响。因此，对于农民工群体来说，关注点应该在于如何增强就业稳定性，这也是本书以农民工就业稳定性差为出发点的缘由。

2 就业稳定性的研究进展与问题的提出

2.1 就业稳定性的研究进展

2.1.1 发达国家就业稳定性研究的进展

1）就业稳定性变动趋势研究

20世纪80年代末和90年代初，在欧美国家的大众媒体中普遍存在就业稳定性下降的认知，并且这一认知得到了OECD发布的《就业展望1997》报告的支持。该报告认为，与以往相比，劳动者存在着更多的工作不安性主观情绪。就业稳定性的重要性不言而喻，从劳动者的角度来看，工作任期会影响未来的工作前景，比如，人力资本的发展、工资水平的增加，以及工作福利的享有权（Keith和McWillams，1995）；从企业的角度来看，离职率会影响企业人力资本投资、职业晋升和工资政策的制定（Hisch和Schnabel，2012）。在这样的背景下，欧美等发达国家的学者开始了就业稳定性的研究工作。

Belous（1989）是较早进行就业稳定性分析的经济学家之一。20世纪80年代末，美国的劳动力市场开始出现较多的短期和分包工作岗位，这类岗位的出现是否意味着就业稳定性下降？利用CPS（Current Population Survey）数据，Belous发现，在1980年至1988年间短暂服务业就业和密集使用短期分包工人的就业出现较快增长，但这种快速增长是以很小的基数为基础，所以Belous估计至1988年只有约1.1%的劳动力受雇于临时工作，而最多有5%的工人受雇于短期和外包工作，因此，从工作岗位类型来看，美国劳动力市场的就业稳定性有所下降，但幅度并不明显。这一结论也得到了Farber（1995）和Diebold等（1996）研究的支持。Farber（1995）基于1973至1993年CPS的补充调查数据，对工作任期分布的不同分位数进行检验发现，在这20年间工作持续期的分布并没有发生系统性的改变。同样基于CPS数据，Diebold等（1996）针对工作保留概率的估算发现，劳动者保留4年工作的可能性仅有小幅下降（从1983—1986年的48%下降至1987—1991年的47%）。这些研究的结论与工作安全感明显下降的事实产生了不一致。

然而，一些学者的研究却发现了就业稳定性明显下降的事实。Swinnerton和Wial（1995）使用了CPS数据将1979—1991年分成1979—1982年、1983—1986年以及1987—1991年三个时间段，发现第一时间段至第二时间段低资历劳动者连续工作4年后的工作保留率有所上升，第二时间段至第三时间段，工作保留率则明显下降，并且第三时间段的保留率明显低于第一时间段，从而得出20世纪80年代后就业稳定性长期下降的结论。Marcotte（1994）使用PSID数据，在控制了失业率的变动之后，发现1976—1988年间，那些具有高中学历并且已经积累了5年工作经验的男性工人，在随后的1年中保持工作的机会下降，其中黑人从90%降至82%，白人从87%降至85%。Boisjoly等（1998）同样采用PSID数据的研究发现，在1968—1992年间，劳动力市场依附力较强的男性的非志愿离职率上升。

关于美国就业稳定性的早期研究没有得到一致的结论，主要原因在于所使用数据集的差异。Jaeger和Stevens（1999）同时采用相同时期的CPS和PSID数据进行分析，发现两个数据集都能给出20世纪80年代末期，任期小于10年并且年龄为30周岁以上男性比例有所增加的结论，但任期小于1年的劳动者比例并没有呈现出任何的趋势。两个数据集在80和90年代几乎给出了相同的趋势，90年代年龄较大劳动者的就业稳定性呈现下降趋势，并且他们认为之前的研究没有得到一致结论的原因可能在于调查问题和变量定义上的差异。

尽管这些早期的研究并没有给出美国就业稳定性总体是否呈现下降趋势的一致结论，但就业稳定性存在结构性差异的结论却是确定的。那些教育水平较低的劳动者、年龄较老的劳动者以及黑人等弱势群体的就业稳定性呈现明显的下降趋势（Farber，1995；Polsky，1999；Marcotte，1999；Jaeger和Stevens，1999；Stevens，2005）。Marcotte（1995）认为弱势群体就业稳定性的下降伴随着就业状况的恶化，会使收入不平等进一步扩大。此外，较差的就业稳定性使人力资本投资的现值收益下降，这不仅会抑制劳动者对自身进行人力资本投资的主动性，也会使企业对在职工人进行培训的动力不足。同时，较差的就业稳定性使劳动者未来享受社会保险收益的不确定性增强，这会降低劳动者和用工企业参与社会保险的积极性。

与就业稳定性出现结构性下降的趋势不同，另外一些学者将焦点落在劳动力市场流动性的研究上，发现美国的劳动力市场在各个维度上都呈现出了流动性的显著下降。在工作岗位间的流动上，Bjelland等（2011）发现工人从一个雇主到另外一个雇主的流动是顺周期的，在2000年后呈现下降趋势；Hyatt和Spletzer（2013）发现工作岗位间的流动率在1998—2010年间呈现下降趋势。在跨劳动力市场的地理流动上，Kaplan和Schulhofer-Wohl（2012）发现，1991—2011年间美国劳动力市场的跨州流动人数下降50个百分点，Molloy等（2014）的研究进一步发现，这种下降趋势早在20世纪80年代就已经开始。在工作岗位再分配和工人再分配上，Davis和Haltiwanger（2014）发现工作岗位再分配率（工作岗位创造率和破坏率之和）早在20世纪80年代就已开始下降，工人再分配率（雇用率和离职率之和）自2000年之后开始下降。Hyatt和Spletzer（2013）发现在1998至2010年间，工作岗位再分配率和工人再分配率持续下降，并且在2007—2009年的衰退时期更为明显。

Molloy等（2016）综合考虑了各种劳动力市场流动性测量后得出，美国劳动力市场流动性至少从20世纪80年代就已经开始下降的结论，并且进一步对流动性下降的原因给出了可能的解释，认为企业特征的改变、工人和企业关系的改变以及社会信任程度的下降等因素增加了企业和工人工作搜寻的成本，导致劳动力市场流动性的下降。

劳动力市场流动性的下降意味着工人在同一雇主处工作时间的增长，会使工作任期的分布向右移动，这与工作任期在20世纪90年代之前略有下降，并且自90年代中期开始保持稳定的特征并不相符，Molloy等（2020）通过对工作任期总量分布以及不同人口特征组分布的分析对这一矛盾给出了回答，他们发现在工作任期的分布上，期限小于1年的短任期工作自1980年以来逐渐减少，而任期超过20年的员工比例有所增加，这与工作流动性的长期下降趋势一致，但是在年龄较大的男性劳动力中，工作任期超过20年的员工比例出现非常明显的下降，这与长期就业较难获得的感知相一致，因此总量上的变动趋势可能会产生误导，深入的分析应该考虑不同时期不同特征群体的差异。

由于劳动力市场结构和制度的差异，其他发达国家关于就业稳定性研究所得到的结论也都各异。关于英国就业稳定性研究的结论与美国相似，在就业稳定性整体的变动趋势上没有得出一致的结论，但不同群体就业稳定性变动趋势差异明显的结论较明确。比如，Gregg和Wadsworth（1995）认为工作任期在1975—1993年期间呈现一定下降趋势，而Burgess和Rees（1996）却认为1975—1992年工作任期并没有下降，当然这两项研究所采用的数据并不相同。Gregg和Wadsworth（2002）对两项研究进行了系统的梳理后发现，就业稳定性在整体上所呈现出的趋势掩盖了不同特征群体就业稳定性较大的变动，不同特征群体就业稳定性变动趋势存在着相互抵消。

美国和英国的劳动力市场以灵活就业制度和相对较低的就业保护为特征，关于这两个国家就业稳定性变动趋势的研究相对较为充分，但对于具有严格就业保护的发达国家来说，就业稳定性趋势的研究并不充分，而且所得结论也更加模棱两可。比如，Givord和Maurin（2001）以法国劳动力市场作为研究对象，选取20世纪80年代至90年代作为研究区间，发现即使控制宏观经济因素的影响，非自愿离职的风险也显著上升，就业稳定性持续下降。关于德国就业稳定性的研究，更多得到的是就业稳定性不降反升的事实，比如，Winkelmann和Zimmermann（1998）采用GSOEP（German Socio-Economic Panel）数据，以一定时期内更换工作的次数作为就业稳定性的测度，采用计数模型发现1974—1994年德国的就业稳定性不但没有下降，而且还呈现上升的特点，Erlinghagen和Knuth（2004）针对德国劳动力市场的分析得到了同样的结论。然而，Bergemann和Mertens（2004）以德国劳动力市场作为研究对象，选取20世纪80年代至90年代为研究区间，发现16—56岁男性的就业稳定性呈下降趋势，并且他们在2011年的研究（Bergemann和Mertens，2011）进一步发现，已经在岗工作超过12个月的男性和女性，工作结束的可能性显著增加，并且主要是由解雇可能性增加引起的。日本的劳动力市场以终身就业制闻名，一个较为流行的看法是经济泡沫破灭后的20世纪90年代，终身就业制有走向结束的趋势，但Kato（2001）采用定量和定性分析方法发现，在20世纪80年代末经济泡沫破灭的前后，日本雇员的工作保留率没有任何的递减趋势，日本的企业在完成重组和减员的过程中，主要是采用将员工转移到分公司或下属公司以及减少新增雇员的方式。Cho和Keum（2009）以韩国劳动力市场作为研究对象，以1997年金融危机及以后的复苏时期作为研究区间，在搜集与整理劳动力和收入面板数据的基础上，对比分析劳动力市场就业稳定性的变动情况，最终发现，韩国该时期的就业稳定性处于持续下降态势，后期也未能回升至期初水平。

2）就业稳定性影响因素的研究

由于不同国家劳动力市场的异质性，就业稳定性变动趋势的研究结论也存在差异，进入21世纪后，研究视角不再集中于就业稳定性变动趋势上，而更多转向了就业稳定性影响因素的分析。由于年龄、性别等个体特征不仅会对就业稳定性产生影响，而且也是就业稳定性结构分析中所需要考虑的因素，因此，关于就业稳定性影响因素的研究都会或多或少对个体特征加以考虑。尽管那些旨在调控就业稳定状况的政策可以针对不同特征群体有区别地实施，但个体特征通常都是政策无法直接干预的因素，随着问题分析的深入，研究者逐渐开始挖掘个体特征以外的影响就业稳定性的因素。

（1）企业特征对就业稳定性的影响

依据劳动力市场分割理论，大企业更倾向于创造就业稳定的环境，因此，一些经验研究或将焦点直接对准了公司规模对就业稳定性的影响，或在分析中提及了公司规模在就业稳定性中发挥的作用。比如，Blázquez-Cuesta（2008）对西班牙低工资就业和劳动力市场流动性的分析中发现，小型私人企业的员工改变工作的可能性和失业的可能性都较高；Bergmann和Mentens（2011）在分析德国就业稳定性趋势时发现，相对于中等规模公司和大公司，小公司企业的员工具有更高的被解雇风险，并且大公司员工辞职的可能性也较低；Dütsch和Struck（2014）在对德国就业趋势的研究中着重关注企业特征和区域差异的作用，发现公司规模越大，员工的就业稳定性越高。

此外，一些研究发现并不是公司规模本身增强就业稳定性，而是与公司规模相联系的一些其他因素在发挥作用，比如在职培训、公司绩效以及公司特定技术岗位等。Boockmann和Steffes（2010）针对德国的研究发现，如果企业对员工开展专业技能培训，员工的离职率将会明显下降。Hirsch和Schnabel（2012）在分析德国工作分割与性别的关系时，发现包括企业绩效、新的生产技术以及女性员工比例等企业特征对男性和女性的工作转换和失业都产生了不同的影响。

（2）国际贸易对就业稳定性的影响

21世纪的前10年，劳动力充裕的国家以低成本优势在国际生产分工中占据了重要角色，同时，信息技术的发展促进了服务性活动的全球化。发达国家出于节约成本的考虑将其生产活动外包给低劳动力成本的国家，尽管这种外包生产模式节约了生产成本、提高了生产效率、扩大了产出（Grossman和Rossi-Hansberg，2008），但也产生了失业和工作转换增加的担忧（Mitra和Ranjan，2010）。在这样的背景下，国外学者开展了外包对就业稳定性影响的研究工作。

Egger等（2007）使用澳大利亚社会保障数据分析了外包对工作转换概率的影响，发现外包对工人保持在生产部门就业或转换进生产部门工作的概率产生了负向影响，特别是那些在国际竞争中处于明显劣势的生产部门的工人。Munch（2010）针对丹麦的分析发现，在1992—2001年，外包提高了低技术工人的工作转换率、离职率以及失业的风险。Geishecker（2008）使用德国1991—2000年的GSOEP数据，采用生存期模型进行分析发现，外包显著降低了个体就业的安全性，增加了失业的风险，并且对高中低技能劳动者产生的影响基本相同。Bachmann和Braun（2011）针对德国的研究则得出了与Geishecker（2008）不一致的结论，他们的研究采用了行政管理数据集，结果表明外包仅增加了制造部门中等技能和年龄较大劳动者的失业风险，但从整体来看，外包并没有对制造业部门的就业稳定性产生影响，并且外包增加了服务部门就业的稳定性。Lo Turco等（2012）使用意大利行政管理数据分析了1995—2001年间外包和就业稳定性的关系，发现来自发达国家的服务外包和材料购买导致了制造业部门所有工人在不同工作间的转换，但来自低收入国家的材料购买则使制造业部门就业工人的数量减少。从发达国家外包和就业稳定性间的研究来看，二者之间的关系在总量上大多呈现出负向关系，但对不同群体的影响则需要结合特定劳动力市场的结构进行有针对性的分析。

（3）宏观经济环境和劳动力市场制度对就业稳定性的影响

经济环境对就业稳定性的影响主要集中在不同经济周期下就业稳定性的变动趋势上。在经济的衰退期，对经济前景较差的预期会降低劳动者自愿的工作转换，同时，预期的生产率下降又会使企业增加解雇员工和采用短期岗位的动机，在经济的复苏期，则会发生相反的情形，因此，经济周期对工作稳定性的影响从整体上会表现出不确定性，需要更多依靠经验数据进行分析。Heisz（2005）使用工作保留率作为就业稳定性的测度指标分析了加拿大20世纪80年代和90年代的就业稳定性趋势，发现在劳动力市场萧条的80年代，就业稳定性有所下降，但在劳动力市场繁荣的90年代，就业稳定性有所上升。García和van Soest（2017）将研究的焦点聚焦于西班牙劳动力市场中新工作的稳定性，并对经济繁荣的2005年和经济衰退的2009年进行了比较分析，发现工作间的转换是顺周期的，但工作向失业的转变是逆周期的，并且企业规模和就业稳定性之间的关系在衰退的2009年要强于经济危机之前的2005年。

由于劳动力市场制度实施多以增加就业和改善收入为出发点，因此关于劳动力市场制度的效果评价多关注于就业和收入状况，而对就业稳定性给予的关注则较少。失业保障和最低工资是劳动力市场中两种重要的政策，其对就业的影响已经有大量的经验研究，但这两种政策对就业稳定性的影响研究还不充分。Centeno等（2014）针对葡萄牙的劳动力市场分析了最低工资对就业稳定性的影响，发现最低工资的增长对那些受到直接影响群体的就业稳定性产生明显的负向影响，这一弹性要大于1。Rebollo-Sanz和García-Pérez（2015）针对西班牙的劳动力市场分析了失业保险收益对就业稳定性的影响，发现那些没有受到失业保险保障的劳动者相对于受到保障的劳动者能够更快地实现就业，但失业保险收益能够使受到保障的劳动者实现更为稳定的就业。

在其他劳动力市场制度对就业稳定性的影响上，García-Perez和Muñoz-Bullón（2005）分析了西班牙1994年开始实施的临时帮助机构制度（Temporary Help Agencies，THAs）在劳动力市场中发挥的作用。临时帮助机构能够为工作寻找者提供一份有限期的合约，并且以短期合约的形式将寻找工作者分配给打算雇用他们的企业。García-Perez和Muñoz-Bullón（2005）的研究发现，THAs能够帮助失业者较迅速地找到一份工作，特别是那些失业期较短的失业者，但通过THAs找到工作的劳动者，其工作任期却小于通过其他途径找到工作的劳动者。Boockmann和Steffes（2010）以及Hirsch和Schnabel（2012）分析了德国劳动力市场中的工作委员会制度对就业稳定性的影响。工作委员会由员工代表组成，代表全体员工的利益，当企业的员工超过一定数量时，员工可以自行成立工作委员会。Boockmann和Steffes（2010）发现，工作委员会降低了蓝领工人的工作转换率和失业率，Hirsch和Schnabel（2012）发现工作委员会能够在一定程度上解释男性和女性员工工作转换和失业的差异。

由于劳动力市场制度对就业稳定性的影响研究并不充分，还不能够得出普遍的结论，不同国家劳动力市场结构的差异又导致了劳动力市场制度的特殊性，因此，制度对就业稳定性的影响更多要结合特定劳动力市场环境进行专门的分析，同样的制度在不同国家甚至是不同地区的实施也会存在差异，所得到的结论也必然是异质的。

3）就业稳定性对其他因素的影响研究

在将就业稳定性作为解释变量的研究中，大部分关注其对工资的影响，Farber（1999）对20世纪80年代和90年代的研究成果进行了回顾性总结，尽管那一时期的焦点是专业人力资本对工资收入的影响，而工作任期仅是专业人力资本积累的代表，但这些研究也间接说明了工作稳定性在增加工资收入中所发挥的作用，即工作任期越长，积累的专业人力资本水平越高，越能促进工资收入的增长。进入21世纪后，工作任期对工资收入的影响研究更加细化：一是，采用更加准确的识别策略估算工作任期的收益率，比如，Pauline（2003）依据法国特殊的制度环境，采用抚养孩子的数量作为工作任期的工具变量，发现工作任期的收益率为3.1%，大于采用OLS法得到的1%的估计结果；二是，更加关注工作任期收益率在不同群体中的异质性，比如，Munasinghe和Reif（2008）采用美国NLSY1979—1994年的数据，分析了工作任期的性别差异，发现女性的工作任期收益要低于男性；三是，更加注重比较工作任期收益与其他指标收益的不同，比如Buhai等（2014）对比了工作任期和资历（员工与其同事比较而言的工作任期相对长度）对工资收益影响的差异，发现相对于工作任期，资历对工资收入的影响要更加明显。

除收入外，个别研究关注就业灵活性对工作满意度的影响。这类研究主要是将劳动合同类型作为工作灵活性的测度，分析工作灵活性和工作安全性对工作满意度的影响程度，从而对工作安全性和工作灵活性的关系作出判断。比如，Origo和Pagani（2009）针对欧盟的分析发现，工作安全性相较于工作灵活性在提升劳动者工作满意度方面发挥了更大的作用。

2.1.2 国内关于就业稳定性研究的进展

与发达国家就业稳定性的研究相比，国内学者对于就业稳定性的研究时间并不长。始于20世纪80年代中期的城镇劳动力市场改革打破了原有的“铁饭碗”制度，部分城镇劳动力被排除在传统的就业体系之外，城乡劳动力市场分割局面的破冰使农村劳动力有机会进入城镇工作，但他们的就业稳定性较差。国内学者立足于劳动力市场发展的客观事实，开展了就业稳定性的研究工作。

在就业稳定性的变动趋势上，孟凡强和吴江（2013）采用中国综合社会调查（Chinese General Social Survey，CGSS）2008年的数据，以工作任期作为就业稳定性的测度，分析了就业稳定性的变迁及其影响因素，研究发现，改革开放以来就业稳定性呈现下降趋势，并且主要归因于工人主动离职风险的提高。在就业稳定性所产生的影响上，罗楚亮（2008）采用中国家庭收入分配项目（Chinese Household Income Project，CHIP）1995年和2002年城镇住户调查的数据，将固定职工和长期合同工作为稳定就业的测度，分析了就业稳定性对工资差异的影响，发现稳定就业与非稳定就业人群之间的工资收入差距在扩大，并且基于劳动力市场分割的歧视性因素所起的作用越来越大。

与城镇本地居民相比，农民工的就业稳定性较差，因此，研究者将分析的焦点更多关注于农民工就业稳定性的分析上。一些研究对比了农民工与城镇工就业稳定性的差异，比如，Knight和Yueh（2004）采用中国社会科学院经济研究所1999年的城镇调查数据，以工作任期和改变工作的次数作为就业稳定性的度量，比较了农民工与城镇职工的流动模式，发现农民工的平均流动率大约是城镇职工的6倍，并且农民工的工作流动和任期对收入都有正向影响。

除与城镇本地居民的对比分析外，更多的研究将焦点关注于农民工群体本身的就业稳定性。在农民工就业稳定性的影响因素上，白南生和李靖（2008）采用北京市700多名农民工就业史数据，发现农民工就业流动频繁，在当前单位的平均工龄约为3年，收入无法达到预期是农民工流动的主要原因，但其他一些因素也对流动产生了影响。张艳华和沈琴琴（2013）采用北京、广州、大连和西安四个城市的调查数据，采用工作转换频数、工作任期和劳动合同期限3个指标测度农民工的就业稳定性，分析了年龄、教育等个体特征以及企业所有制类型等企业特征对农民工就业稳定性的影响。黄乾（2009）采用城市农民工的调查数据，以农民工群体的自评就业稳定性为基础，分析了年龄、性别等个体特征以及职业、企业和行业等企业因素对农民工就业稳定性的影响。何筠和张嘉佳（2021）采用湖北省荆州市的两区三县调查数据，以职业流动性（工作变换次数/实际外出务工年限）作为就业稳定性的测度，分析了就业稳定性的影响因素，认为个体特征、社会角色和职业价值观对新生代农民工的就业稳定性具有显著影响。除从个体特征和企业特征分析农民工的就业稳定性外，一些研究从中国经济环境角度进一步挖掘农民工就业稳定性的成因。邵敏和武鹏（2019）采用中国家庭收入项目2002年的调查数据，以工作变换次数作为就业稳定性的测度，分析了出口贸易对农民工就业稳定性的影响，发现城市加工贸易出口更显著且更大程度地恶化了农民工的就业稳定性。这一结论在高人力资本农民工群体中体现得更为明显。

在农民工的就业稳定性所产生的影响上，工资收入是研究较多的方面。黄乾（2009）分析了稳定就业农民工与非稳定就业农民工的工资差异，将二者的差异进一步分解为个人禀赋的差异以及就业状况的差异。寇恩惠和刘伯惠（2013）采用中国家庭收入项目2008年进城务工劳动力调查数据，将长期合同工界定为稳定就业，在工资分布的不同分位数上分析了长期合同和短期合同农民工的工资差距。陈技伟等（2016）采用辽宁省农民工抽样调查数据，以劳动合同签订和职业流动频次作为农民工就业稳定性的代理变量，对农民工就业稳定性的收入效应及其性别差异进行分析。一些学者将就业不稳定所产生的影响进行了延伸分析，考虑了收入之外的其他因素，比如，谢勇和李放（2009）的研究表明就业稳定性不利于农民工社会保险的参与，郭菲和张展新（2013）的研究也得到了相似的结论。杨河清和肖红梅（2014）则侧重于分析农民工就业稳定性对城镇融合的影响，认为就业稳定性对农民工的市民身份转换具有负向影响。

2.1.3 评论性总结

由于发达国家开展劳动力市场调查的时间较早，积累了长期的跟踪调查数据，能够得到较为详尽的劳动者市场经历信息，因此就业稳定性通常由工作任期加以衡量，这是较客观的度量指标。与发达国家相比，中国的劳动力市场调查开展较晚，缺少劳动者市场经历的跟踪调查信息，少数采用工作任期指标的研究也是被调查者的回溯数据，不是跟踪调查数据，存在一定的偏差。因此，关于中国劳动力市场就业稳定性的分析，特别是关于农民工群体的分析更多采用工作变换次数、劳动合同期限等指标，这些指标相较于工作任期而言，代表性稍弱，但跟踪调查数据的缺失并不是短期内可以解决的问题，这些指标已是农民工就业稳定性研究中最优的指标选择。

关于发达国家就业稳定性研究的理论出发点主要是搜寻匹配理论和人力资本理论，这些基于新古典理论的思想无法完整阐释二元结构劳动力市场下弱势群体就业稳定性的变动趋势和影响因素。基于此，这些理论无法对中国城镇劳动力市场二元结构下农民工就业不稳定性的现实给出完整的解释，并且已有关于农民工就业稳定性的研究主要是经验分析，系统梳理各种劳动力市场理论，给出农民工就业不稳定的理论阐释就显得意义尤为重要。

已有关于农民工就业稳定性的研究，多采用截面数据进行，这样的研究无法刻画农民工就业稳定性的变动趋势，损失了纵向维度的信息。从纵向维度分析农民工就业稳定性，特别是与城镇本地居民就业稳定性差异的变动，能够更深刻理解劳动力市场结构转变和经济环境转变对就业稳定性的影响，也能为政策制定提供更加完整的参考视角。

在就业稳定性所产生的影响上，现有研究多关注于工资收入，而对其他方面影响的研究并不多见。具体到农民工群体中，一个现实的关切就是市民化问题。农民工市民身份的转变过程决定了中国城镇化的进程，高质量的就业是农民工市民化的前提。依靠高质量的就业实现经济融合，进而带动其他方面的融合，是农民工实现市民身份的具体路径。分析作为就业质量重要维度的就业稳定性在农民工市民化过程中所发挥的作用，能够更加明确增强农民工就业稳定性的意义。

回顾已有研究可以发现，劳动力市场制度和政策对就业稳定性影响的研究并不充分。劳动力市场政策的评价更多关注就业和工资收入，而对就业稳定性影响的评价较少。劳动力市场政策是调节劳动力市场运行的抓手，其影响是多方面的，增加就业稳定性的评价维度，能够为劳动力市场政策的合理制定提供启示。在农民工已经成为劳动力市场的重要组成部分，并且其就业稳定性不强的背景下，有针对性地分析政策变量对农民工就业稳定性的影响，提出增强农民工就业稳定性的策略，无疑具有更强的现实意义。

2.2 研究问题的提出

基于以上分析，本书从农民工就业稳定性差的成因、就业稳定性对市民化的影响，以及提升农民工就业稳定性的策略三个方面提出需要回答的问题。

在农民工就业稳定性差的成因方面，提出的问题是：相关理论在解释农民工就业稳定性时存在哪些优势和不足？农民工的就业稳定性与城镇本地居民就业稳定性存在怎样的差距，这种差距呈现怎样的演变趋势？

发达国家的劳动力市场在解释劳动者的就业稳定性时主要基于搜寻匹配理论和人力资本理论，但这两种理论都是以新古典思想中的单一劳动力市场为分析基础，在农村劳动力向城镇迁移所形成的二元劳动力市场结构下，这两种理论不能够完全解释农民工较差的就业稳定性状况，还应该从迁移理论和劳动力市场分割理论中给出更加充分的解释。

进入21世纪后，一系列保障农民工就业权益的措施陆续出台，包括2003年出台的《中共中央关于完善社会主义市场经济体制若干问题的决定》、2006年出台的《国务院关于解决农民工问题的若干意见》、2008年开始实施的《中华人民共和国劳动合同法》（以下简称《劳动合同法》）、2011年开始实施的《中华人民共和国社会保险法》（以下简称《社会保险法》）、2014年出台的《国务院关于进一步做好为农民工服务工作的意见》[①]，以及各地方政府每年都会针对农民工开展的职业

① 《中华人民共和国劳动合同法》于2012年进行了修订；《中华人民共和国社会保险法》于2018年进行了修订。

技能培训项目等。在一系列法律法规的实施有效改善了农民工就业制度环境的背景下，农民工的就业稳定性的演变趋势如何，人力资本和劳动力市场分割在农民工与城镇本地居民就业稳定性差距中的解释发生怎样的改变？

在就业稳定性对市民化的影响方面，提出的问题是：就业稳定性对农民工永久迁移意愿具有怎样的影响？就业稳定性对农民工在城镇的消费状况具有怎样的影响？

城镇化的核心是人的城镇化，即农民工在城镇永久迁移，实现市民身份的转变。尽管农民工向城镇迁移已经达到相当的规模，但一个不可否认的事实是，农民工实现永久迁移的比例仍然不高，常住人口城镇化率要高于户籍城镇化率。随着户籍制度改革的大力推进，制度因素对农民工永久迁移的影响将会越来越小，农民工是否实现身份的转变将更多地取决于其永久迁移意愿，那么就业稳定性对农民工永久迁移意愿产生怎样的影响？

农民工永久迁移意愿界定了市民化程度的上限，但现实中农民工是否能够真正实现身份的转变还取决于其城镇生活能力，城镇消费水平的高低在一定程度上影响了城镇生活能力的强弱。稳定的就业通过增加农民工的工资收入进而促进消费的间接路径较清晰，如果去除掉这种路径，稳定的就业本身是否能够体现稳定的收入预期从而直接促进农民工消费水平的增长？如果这种直接作用存在，那么在特征不同的农民工群体中是否会产生不同的效果？

在提升农民工就业稳定性的策略上，提出的问题是：政府开展的一系列职业技能培训项目是否能够显著提升农民工的就业稳定性？通过不同就业途径寻找工作的农民工，在就业稳定性上存在怎样的差异？劳动力市场中介是否能够显著降低信息不对称，增强农民工的就业稳定性？最低工资对农民工的就业稳定性会产生怎样的影响？

除通过法律法规保障农民工的就业权益外，如何从农民工自身的角度内在地提升就业福利也成为政府关注的焦点，其中提高农民工的人力资本水平成为解决这一问题的主要抓手。基于此，促进农民工职业技能培训的规章制度陆续出台，各级政府在农民工职业培训上的投入力度不断加大。政府职业技能培训项目提高了农民工的人力资本水平，使其能够更迅速地适应城镇的就业环境。那么政府职业技能培训项目对农民工就业稳定性的改善产生了多大程度的影响？

受劳动力市场分割的影响，农民工采用非正规关系网络途径就业的比例较高，而采用中介机构以及直接应聘途径就业的比例较低。就业途径的不同必将影响农民工与用工企业的匹配质量，从而影响就业福利。哪些因素驱使农民工选择不同的就业途径？通过不同途径获得就业的农民工，在就业稳定性上存在怎样的差异？中介机构在增强农民工就业稳定性中发挥的作用程度如何？

为保障劳动力市场弱势群体获得维持生活的基本工资收入，2004年，当时的劳动和社会保障部出台实施了《最低工资规定》，随后，各省份和地区结合经济发展状况确定了各自的最低工资标准。近些年，最低工资标准不断提升，并呈现调整幅度加大、调整频率加快的趋势。较低的工资水平使农民工成为受最低工资影响明显的群体，因此分析最低工资对农民工就业的影响具有较强现实意义，最低工资对农民工就业和收入的影响已有较多研究，但在农民工的就业稳定性上，最低工资又发挥了怎样的作用？

本书后续章节将对上述问题进行逐一解答，其中第3章和第4章针对第一方面的问题展开分析，探讨不同的劳动力市场理论在解释农民工就业不稳定成因时的优势与不足，明确提升人力资本、缓解劳动力市场分割在增强农民工就业稳定性中的作用。第5章和第6章针对第二方面的问题展开分析，明确就业稳定性在农民工永久迁移和城镇消费中的作用机理和作用程度。第7章、第8章和第9章针对第三方面的问题展开分析，分别探讨政府职业技能培训、就业途径和最低工资调整对农民工就业稳定性的影响，从而给出增强农民工就业稳定性的策略。

2.3 关于所采用数据的说明

本书分析所采用的数据来自两个大型的调查项目，分别是中国家庭收入调查（英文记作Chinese Household Income Project，简写为CHIP）

和中国流动人口动态监测调查（英文记作 China Migrants Dynamic Survey，简写为CMDS）。

中国家庭收入调查是中国收入分配研究院为追踪中国收入分配动态状况开展的调查项目。在本书各章内容研究工作开展的过程中，作者通过申请获得了该调查的五次入户调查数据，调查时间分别为1989年、1996年、2003年、2008年和2014年，相应收集了1988、1995、2002、2007和2013年调查家庭的收支信息以及其他家庭和个人信息，编号分别为CHIP1988、CHIP1995、CHIP2002、CHIP2007和CHIP2013。CHIP数据既涉及城镇住户，也覆盖了农村地区。考虑到向城镇迁移的农村劳动力日渐增多，以及城镇和农村住户的子样本并不完全覆盖所有流动人口，2002年的调查增加了流动人口调查。2002年及以前的CHIP是由国家统计局组织进行，2007年的城镇和农村调查也是由国家统计局组织进行，而流动人口调查则是项目组单独组织进行。2013年的CHIP调查并没有进行单独的流动人口调查，而是在城镇住户调查中区分出了外来务工住户。因此，在中国家庭收入项目调查中可利用的农民工数据分别是2002年的流动人口调查、2007年的流动人口调查以及2013年的外来务工住户调查。这三期的调查时间跨度达到10年以上，并且在这三次调查期间，也正是农民工政策密集出台的时期，因此，这三期调查为分析农民工的就业状况改变提供了数据支撑。

本书第4章进行农民工与城镇工就业稳定性差距及变动趋势分析时，采用了2002年、2007年的城镇住户调查数据和流动人口调查数据，2013年的城镇住户调查数据和外来务工住户调查数据。这3个年份的调查都对城镇工和农民工的工作类型进行了区分，包括“固定工”“长期合同工”“短期或临时合同工”“无合同的临时工”“不领工资的家庭帮工”“自我经营者”“打零工”“其他”，这为采用劳动合同类型界定就业稳定性、开展就业稳定性变动趋势的纵向分析以及与城镇本地居民就业稳定性差异的比较分析提供了可能。2007年的流动人口调查采用的调查方式是工作地调查，包含了居住在工棚、厂房、集体宿舍等工作地点的农民工，而2002年的流动人口调查和2013年的外来务工住户调查采用的是居住地住户调查，相对而言，这些农民工要比居住在工作地点的农民工具有更好的经济条件，因此，在采用这三期数据进行对比性分析时，应注意数据的可比性问题，需要在2007年的调查中去掉居住在工作地点的农民工。

中国流动人口动态监测调查是国家卫生健康委自2009年起一年一度大规模全国性流动人口抽样调查，覆盖除港、澳、台外的31个省（区、市）和新疆生产建设兵团，每年样本量近20万户。调查内容涉及流动人口及其家庭成员人口基本信息、流动范围和趋向、就业和社会保障、收支和居住、基本公共卫生服务、婚育和计划生育服务管理、子女流动和教育、心理文化等。此外，该调查还在个别年份开展了流动人口社会融合与心理健康、流出地卫生计生服务、流动老人医疗卫生服务等专题调查。在本书各章内容研究开展的过程中，该调查公布的最新数据是2017年的调查数据。

本书第5章分析就业稳定性对农民工城镇永久迁移意愿影响时，采用了2016年和2017年的全国调查数据。这两年的调查数据提供了农民工在流入地的长期居住意愿和落户意愿信息，并且基于这两年的数据能够考察2014年新一轮户籍制度改革之后农民工永久迁移意愿的状况。第6章分析就业稳定性对农民工消费的影响时，采用了2014年的社会融合专题调查数据，该调查相较于其他年份的调查提供了更为详尽的农民工消费信息，基于该数据能够进一步分析农民工消费的结构状况。第7章分析培训对农民工就业稳定性的影响时，采用了2013年社会融合专题调查数据，该调查是唯一一次提供了农民工政府培训参加状况的调查。第8章分析最低工资对农民工就业稳定性的影响时，采用了2016年和2017年的全国调查数据，两次调查期间部分省份进行了最低工资调整，从而提供了准自然实验的分析情境。第9章分析就业途径对农民工就业稳定性影响时，采用了2016年的全国调查数据，该调查提供了较为详细的农民工寻找工作途径的信息。

3 农民工就业稳定性的理论分析

当前，对就业稳定性的分析并没有形成完整的概念框架，因此分析农民工就业稳定性差的成因也没有基础理论框架可以采用。基于农民工从农村迁移到城镇，在城镇转换工作积累专业技能，并且面对制度性分割在就业上存在劣势的事实逻辑，本章从劳动力迁移理论、工作搜寻理论、专业人力资本理论以及劳动力市场分割理论的视角分析农民工就业稳定性差的成因。

3.1 基于迁移的收入成本理论视角的分析

诺贝尔经济学奖获得者Hicks早在1932年就指出“迁移前后净经济利益方面的差异，特别是工资的差异，是导致迁移的主要原因”。Sjaastad（1962）对迁移的收入和成本进行了深入分析。

劳动者通过比较待在原地不迁移时终身收入现值和迁移到另一个地方所能获得的终身收入现值作出是否迁移的决策。将劳动者继续留在原居住地获得收入流的现值用PV_0表示，可以得到：

$$PV_o = \sum_{t=0}^{T} \frac{w_{ot}}{(1+r)^t} \tag{3.1.1}$$

其中，r为贴现率，w_{ot}表示劳动者不迁移的情况下在t期能够获得的收入，T表示退休年龄。类似地，将劳动者迁移后在迁移地获得的收入流的现值用PV_n表示，可以得到：

$$PV_n = \sum_{t=0}^{T} \frac{w_{nt}}{(1+r)^t} \tag{3.1.2}$$

迁移的净收入可以表示为：

$$I = PV_n - PV_o - M \tag{3.1.3}$$

其中，M表示迁移成本，包括交通支出成本、心理成本（当一个人远离家人、亲戚和朋友时不可避免地会感到痛苦和煎熬）。如果净收益为正，就会选择迁移。这一理论框架也可以用来解释劳动者在不同岗位之间的转换行为，当劳动者在新的工作岗位上获得的收益现值超过在现有岗位上的收益现值和流动成本，就会选择工作岗位的转换。

迁移的收入成本理论以迁移前后经济利益的差异为出发点，为迁移问题的分析提供了价值基础，给出了许多经得起推敲的命题：在迁入地和迁出地经济机会的改善，分别会增加和减少迁移的净收益，进而提高和降低迁移的概率；迁移成本的增加降低了迁移的净收益，降低了迁移的概率。所有这些命题隐含的基本信息是，劳动者通过迁移能够更好地补偿其人力资本投资时，迁移才会发生。依据迁移的收入成本理论，个体选择迁移是因为其人力资本能够获得更高的回报，或者迁移本身就是一种人力资本投资，即迁移后能够获得更高的人力资本投资机会从而能够获得更高的回报。

如果按照迁移的收入成本理论解释农民工的迁移行为，那么农民工的迁移是因为迁移净收益超过了迁移成本，在城镇工作岗位上获得的收益能够更好地补偿其人力资本水平，并且预期在城镇的工作岗位上能够获得人力资本投资的机会，实现更高的迁移收益。这种解释显然存在一定的问题：一是，农民工迁移后在城镇确实能够获得更高的收益，但这种收益的提高并不是人力资本在发挥作用，而是农村过量的劳动供给导致剩余劳动力的边际生产率接近于零，只要这些剩余的劳动力能够在城镇获得就业机会，其收益就会超过继续留在农村的收益。二是，农民工在城镇的工作多是重复性体力劳动，在这些岗位上并没有实现人力资本的提升。依据这一理论解释农民工在城镇不同工作岗位间的转换时也存在一定的问题，原因在于农民工通过工作岗位的转换实现人力资本提升的效果并不明显。

3.2 基于两部门迁移理论视角的分析

3.2.1 基于刘易斯模型的分析

刘易斯模型常用来解释存在劳动力剩余情形下的二元经济发展过程，该模型将经济划分为以传统生产方式为主的农业部门和以制造业为主的现代工业部门[①]。农业部门的一个重要特征是存在着大量的边际生产率为零的剩余劳动力，将这部分劳动力从农业部门转移出去不会影响农业部门的产出。农业部门的所有劳动力等分所生产的产品，工资并不由劳动力的边际产量决定。工业部门的劳动生产率较高，工资水平也较高，农业部门与工业部门的工资差距将促使农业部门的剩余劳动力不断向工业部门转移，由于向工业部门转移的劳动力处于无限供给状态，从而使工业部门的工资水平保持不变。工业部门将所得利润全部用于再投资实现产出增长，并进一步带动农村剩余劳动力的转移。随着农业部门劳动力的逐渐减少，农业部门的工资水平上升，但仍然低于工业部门的工资水平，农业劳动力继续向工业部门转移。在剩余劳动力全部转移之后，劳动力不再是无限供给状态，为吸引更多的劳动力向现代部门转移，现代部门的工资水平就要开始增加，这一时期被称为刘易斯第一转折点。之后，随着农村劳动力继续转移，农业部门的边际生产率不断提升，工资开始大幅度上升，并达到现代部门的工资水平，二元经济转化为新古典的一元经济状态，这一时期称为刘易斯第二拐点。

刘易斯模型成功解释了我国农村剩余劳动力向城镇转移的事实，但无法解释向城镇转移的农村剩余劳动力的特殊性，即他们转移之后的就

① 刘易斯模型由诺贝尔经济学奖得主阿瑟·刘易斯（Arthur Lewis）于20世纪50年代中期提出，并由费景汉（John Fei）和古斯塔夫·拉尼斯（Gustav Ranis）进一步扩展而得到完善（Lewis，1954；Fei和Ranis，1967）。

业还受到户籍身份的限制。户籍制度在城镇劳动力市场中设置了一道藩篱，这道藩篱使农民工无法获得与城镇工相同的待遇。因此，依据刘易期模型无法解释农民工在城市劳动力市场处于“边缘位置”的问题，也就无法对农民工就业稳定性差的事实给出合理的解释。

3.2.2 基于托达罗模型的分析

托达罗模型解释了在城市失业增加的情况下依然存在着农村劳动力向城镇迁移的矛盾关系，模型引入了“期望收入”这一概念，只要城市部门的期望收入高于农村地区的平均收入，农村劳动力向城镇的迁移就会发生①。如果迁移个体预期在开始时找到正式工作的可能性较低，但是随着接触范围的扩大，找到工作的可能性增加，迁移对他来说就是理性的。托达罗模型可以由图3-1表示。

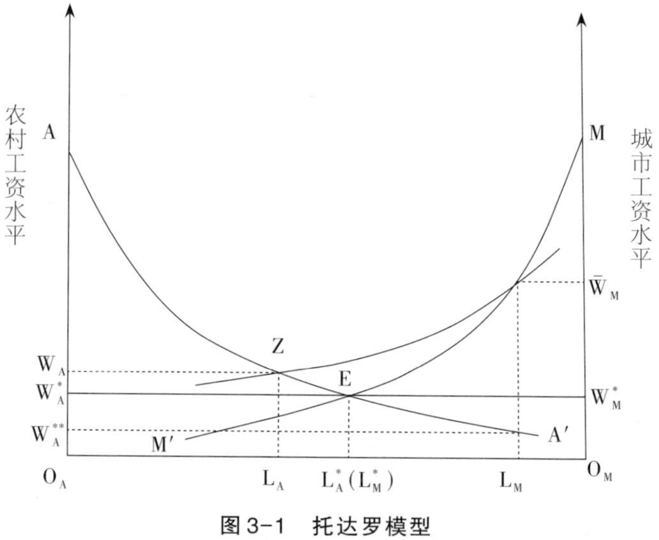

图3-1 托达罗模型

假定经济中有两个部门，农村农业部门和城市的制造部门。农业部门对劳动力的需求以反方向的曲线AA′表示，制造部门对劳动力的需求以MM′表示，劳动力总量以O_AO_M表示。在新古典经济中，市场实现充分就业，均衡工资在$W_A^* = W_M^*$处，此时，有$O_AL_A^*$数量的劳动力在农业部门就业，有$O_ML_M^*$数量的劳动力在制造部门就业，因此所有可用劳动

① 该模型由托达罗（Todaro）于1969年提出，模型的均衡形式由哈里斯（Harris）和托达罗（Todaro）于1970年给出。

力都被雇用。

由于城市制造部门的工资受到制度（比如最低工资制度）的限制，具有向下的刚性，高于 W_A^*，处于 $\bar{W}_M$ 的水平。这种情况下，要实现充分就业，就会有 O_ML_M 数量的劳动力在制造部门就业，则剩下的 O_AL_M 数量的劳动力就要以 W_A^{**} 的工资水平在农业部门就业。城市与农村的真实收入差为 $\bar{W}_M - W_A^{**}$。如果农村劳动力可以迁移，在存在工资差的情况下，一些劳动力将会试一下运气，希望能够在城市获得更高工资的工作。假定向城市迁移的农村劳动力数量为 $L_{A'}L_M$，那么在城市的期望收入为 $[O_ML_M/(O_ML_M + L_ML_{A'})] * \bar{W}_M$，随着向城市迁移农村劳动力的增多，期望收入将会下降，直到城市的期望收入与农村的收入相等，迁移停止，在这个迁移停止点上，有 L_AL_M 数量的农村劳动力迁移到城市，均衡点将会在Z点出现，这时农村的工资水平为 W_A，城市与农村的工资水平差距为 $\bar{W}_M - W_A$，O_AL_A 数量的劳动力仍在农业部门就业，O_ML_M 数量的劳动力在制造部门工作，获得 $\bar{W}_M$ 的工资，剩下的 $O_ML_A - O_ML_M$ 数量的劳动力或者失业或在低收入非正式部门工作。

托达罗模型强调了预期收入的重要性。按照这一模型的含义，只要农民工预期在城市工作的收入高于在农村工作的收入，就会迁移，如果农民工迁移到城市后无法获得正式的工作，就会从事打零工等非正式工作，并等待获得更高收入的工作机会。非正式工作的特点是工资低、工作时间短，这能够对农民工就业稳定性差的事实给出解释。但依据托达罗模型，农民工与城镇工应是同质的，农民工和城镇工具有平等的正式部门就业机会，农民工与城镇工在正式工作上应具有相同的比例。然而，现实中，农民工的工资、就业稳定性等就业状况与城镇工存在一定的差距，托达罗模型则无法对这些差距给出解释。

3.3 基于工作搜寻理论视角的分析

工作搜寻理论形成于20世纪70年代，McCall（1970）和Mortensen（1970）正式构建了工作搜寻模型。工作搜寻理论认为劳动力市场的信息不完全性和非对称性是导致同样的劳动力获得不同工资的原因，因此，劳动力会不断搜寻工作岗位，以期能够获得更高的工资收入。该理论以劳动力市场的信息不完全为前提假定，在这种情况下，搜寻工作岗位的劳动者并不知道厂商能够提供的工资是多少，但知道劳动力市场上的工资分布状况。如果搜寻活动没有成本，求职者将不断寻找工作，直至找到最高工资的工作。然而，现实是寻找工作的活动是有成本的，求职者每申请一份新的工作岗位，都必须支付交通成本和其他类型的成本，另外，还存在放弃低工资工作岗位的机会成本，因此，劳动者搜寻的边际成本会随着搜寻时间的持续而增加。最后，求职者需要在搜寻到的工作岗位中进行权衡，如果求职者认为搜寻到的工作岗位提供的工资较低，决定放弃搜寻到的工作岗位而继续搜寻，那么搜寻时间将会增加，并且所得到的预期收益将会更大，但边际收益会呈递减趋势。按照搜寻理论的假定，求职者将会在搜寻的边际成本等于边际收益时接受工作岗位，停止搜寻。工作搜寻模型可以由图3-2表示。

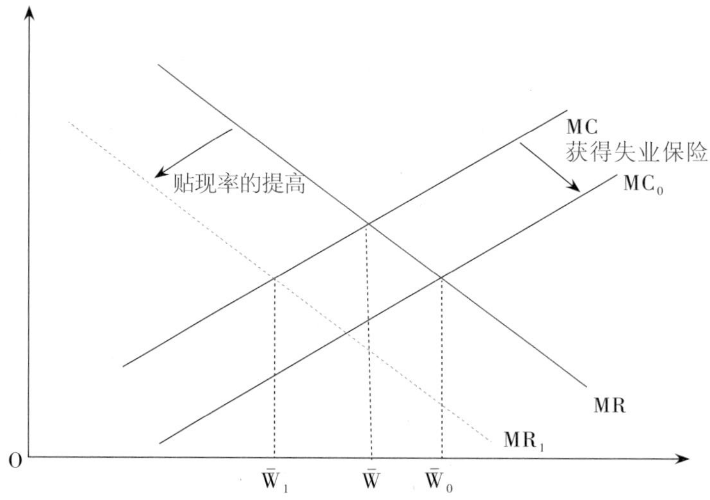

图3-2 工作搜寻模型

边际收益表示劳动者继续进行搜寻所增加的收益，会随着搜寻时间的增长呈现递减趋势，因为待定工作岗位提供的工资越高，新增搜寻的收益就越少，边际收益曲线向下倾斜。边际成本表示继续搜寻所增加的成本，会随着搜寻时间的增加呈现递增趋势，因为待定工作岗位提供的工资越高，放弃该岗位继续搜寻的机会成本就会越大，边际成本曲线向上倾斜。随搜寻时间递增的边际成本曲线和随搜寻时间递减的边际收益曲线必然相交于一点，求职者会在这点停止搜寻并接受提供的工作岗位。由于搜寻的收益是在未来获取的，因此贴现率较高的求职者偏好现期收益，搜寻的边际收益较低，边际收益曲线靠向原点，表现在图3-2中即为边际收益曲线由MR向下平移至MR_1，求职者将更倾向于接受工资较低的工作。如果求职的搜寻工作岗位期间能够获得失业保险，其搜寻成本会下降，表现在图3-2中即为边际成本曲线由MC向下平移至MC_0，求职者会延长搜寻时间，从而找到工资更高的工作。最后，由于搜寻成本的存在，求职者可能会在搜寻的某一时点上遭遇“流动性约束”，使其无法继续搜寻最佳工作岗位，不得不接受工资更低的工作。

工作搜寻理论在解释农民工就业性差的成因上具有重要的作用。由于农民工在迁移前对城市的产业结构、经济结构了解较少，对城市工作的预期工资收益较低，并且受到流动性约束的限制，他们无法承担在城市搜寻工作的成本，因此多通过具有迁移经历的亲戚朋友介绍到城市工作，这种单一的工作搜寻途径降低了城市工作的预期收入。受到户籍等因素的限制，打算迁移的农民工并不确定未来能否长期在城市工作，他们对未来的工资收益具有较高的贴现率。较低的预期收益、较高的贴现率以及流动性约束的限制导致农民工在城市就业的工资水平较低，农民工与工作岗位之间也存在一定程度的错配，无法实现人力资本收益的最大化。当在城市工作一段时间，对城市的经济状况具有一定的了解之后，农民工对城市工作的工资具有了更高的预期，流动性约束的改善也使他们能够进行更充分的工作搜寻，这些都促使农民工继续寻找更高工资的工作岗位，因此，农民工开始工作岗位转换以期能够与工作岗位之间实现更好的匹配，最大限度地兑现人力资本，获得更高的工资收入。

依据工作搜寻理论，农民工的工作转换是不断搜寻更优工作的理性行为。通过公共就业服务拓宽农民工就业的搜寻渠道从而增加预期工资，通过各种措施提升农民工在城市的长期居住意愿从而降低贴现率，将失业保险体系向农民工覆盖从而降低工作搜寻成本，这些措施都能够促使农民工进行更加有效的搜寻，实现与工作岗位更好的匹配，增强就业稳定性。

3.4 基于专业人力资本理论视角的分析

Becker在1964年提出了专业人力资本的概念。工人和企业之间的匹配是存在价值的，一旦离开了这种匹配关系，这种价值就会消失。这种匹配价值主要体现为工人在本企业的生产率要高于在其他企业的生产率，也要高于企业新雇佣劳动力的生产率。一般意义上来看，凡是与雇佣关系相联系的所有不可再生的支出都可以看作专业资本，这种专业资本在雇佣关系之外没有任何价值，比如，雇佣关系形成过程中工人的搜寻成本以及企业的雇佣成本都可以看作专业资本，尽管这种专业资本没有提升生产率。专业资本更加典型的实例是企业对工人进行专业技能投资，工人所获得的专业人力资本提升了生产率，但工人一旦离开企业，专业人力资本就失去了价值。Parsons（1972）建立了专业人力资本积累和工作转换之间关系的详细模型，得出专业人力资本和工作转换可能性之间存在反向关系。Farber（1999）给出了影响专业人力资本对工人离职率和企业解雇率的模型。

假定Y表示工人和企业匹配的专业人力资本总价值。

首先考虑工人的决策过程。假定W_a表示工人在劳动力市场上的通用人力资本市场价值。由于存在着专业人力资本，公司支付给工人的工资是：

$$W = W_a + \lambda Y \tag{3.4.1}$$

其中，λ表示工人所分得的专业人力资本价值的比例。在没有流动成本的情况下，只要公司支付给工人的工资略高于W_a（$\lambda > 0$），工人就不会辞职。

为进一步分析工人的辞职问题，需要在工资中引入随机性因素。在每一期工人都会从均值为W_a的工资分布中收到其他企业提供的工资报价W_o，

$$W_o = W_a + \theta \tag{3.4.2}$$

θ可能源自工人和用工企业匹配质量的变动。若其他企业的工资报

价 W_o 超过 W，工人就会辞职，辞职条件为：$W_a + \theta > W_a + \lambda Y$，即 $\theta > \lambda Y$。因此，工人分得的专业人力资本价值的比重越大，W_o 超过 W 的可能性就越小，工人辞职的可能性就越低。

其次，考虑企业的决策过程。公司雇用一个可被任意替代的工人必须支付工资 W_a。工人的边际产品价值是其通用人力资本和专业人力资本所产生的价值之和，表示为：

$$V = W_a + Y \tag{3.4.3}$$

边际成本是式（3.4.1）中所定义的工资。公司雇用边际工人所获得的利润是：

$$\pi = V - W = (1 - \lambda)Y \tag{3.4.4}$$

解雇的条件是 $\lambda > 1$。在辞职模型中，解雇的发生需要一些随机性因素，这些因素是基于需求或生产率的冲击。假设工人产出的价值受到了冲击 ϕ，此时可以得到：

$$V = W_a + Y + \phi \tag{3.4.5}$$

这里 ϕ 是均值为零的随机变量。公司雇用边际工人所获得的利润为：

$$\pi = V - W = (1 - \lambda)Y + \phi \tag{3.4.6}$$

公司解雇工人发生的条件是：

$$\phi < -(1 - \lambda)Y \tag{3.4.7}$$

当冲击足以超过公司在专业人力资本中所分得的价值时，工人将被解雇。显然，公司在专业人力资本中分得的价值越多，这一条件被满足的可能性就越小。

工人的有效离职条件是 $W_o > V$，即 $\theta - \phi > Y$，因此当 $\lambda Y < \theta < Y + \phi$，工人的辞职是无效的，因为工人在决定辞职时没有考虑到公司所分得的专业人力资本价值 $(1 - \lambda)Y$，同样当 $\theta - Y < \phi < -(1 - \lambda)Y$，公司的解雇是无效的，因为公司在决定解雇时没有考虑到工人所分得的专业人力资本价值 λY。

依据专业资本理论，在企业工作时间越长的老员工，积累的专业人力资本越高，创造的专业资本价值越高。当经济萧条、企业产品需求下降时，较高的专业人力资本价值为其创造了更大的缓冲区间，企业更愿意解雇那些在企业工作时间不长的新员工，即劳动力市场上存在着“后雇用，先解雇”的规律。对于农民工来说，他们在城市工作的时间不长，主要在次级部门工作，次级部门的工作多是简单重复的劳动，这种劳动并不利于专业人力资本的积累。此外，受到户籍因素和归乡意愿的影响，用工企业通常预期农民工并不会长时间工作，因此也没有意愿对他们进行专业人力资本投资，农民工所创造的专业人力资本价值较低，当企业受到外部需求冲击时，农民工便成为被解雇的首选，导致了农民工较差的就业稳定性。依据专业人力资本理论可以得到的启示是，随着工作经验的积累，农民工的专业人力资本水平提升，其就业稳定性会逐渐得到强化。

3.5 基于劳动力市场分割理论视角的分析

劳动力市场分割理论（labour market segmentation theory）也被称为“双重劳动力市场理论”，由美国经济学家Doeringer和Piore（1971）提出，并由Bulow和Summers（1986）进一步加以阐释。该理论认为劳动力市场由首级部门（primary sector）和次级部门（secondary sector）组成。在首级部门工作的劳动力不仅能够获得较高的工资、较好的工作条件，而且就业稳定性强，具有更多的晋升机会；相反，在次级部门工作的劳动力不仅工资低、工作条件差，而且工作岗位转换率高，基本无法获得晋升机会。在劳动力市场是完全竞争的情况下，具有相同人力资本的劳动力在低工资部门（次级部门）和高工资部门（首级部门）就业只是暂时的不均衡状态，劳动力会从低工资部门退出进入高工资部门，在供求关系发生改变的情况下，最终两个部门的工资差异会完全消失。与完全竞争的劳动力市场理论不同，劳动力市场分割理论认为包括制度在内的其他非经济因素会阻碍劳动力在两个不同部门间的流动，不同部门的劳动力在工作条件、工作环境以及收入上差异明显，并且劳动力在部门之间很难实现退出和进入，部门差异会一直存在。劳动力市场分割理论强调了制度等非经济因素对劳动者就业福利的影响，具有较强的现实解释能力。

劳动力市场分割理论对农民工就业稳定性差的成因给出了较好的解释。20世纪80年代中后期以来，农村劳动力进城务工的各种限制逐渐被破除，能够向城镇自由转移并自主选择就业，但城市和农村两种不同的就业体制并未完全消除，进城务工的农民工仍然受到户籍等制度的限制，只能进入次级劳动力市场从事城镇本地劳动力不愿从事的工作。次级劳动力市场的工作岗位具有稳定性差的特征，同时，农民工也希望通过不断变换工作改善就业条件，这导致了农民工较差的就业稳定性。劳动力市场分割理论强调制度性因素的影响，按照该理论的观点，随着户籍制度改革的不断推进与提速，包括农民工就业稳定性在内的就业状况将会得到明显的改善。

尽管每一种理论在一定程度上都能够对农民工就业稳定性差的成因给出解释，但每种理论又无法给出全面的解释。迁移的收入成本理论可以解释农民工以获得更多收入为目标的城镇迁移行为，却无法解释农民工城镇就业获得更高的收入并不是人力资本实现更大收益的过程和农民工人力资本提升缓慢的事实。刘易斯模型和托达罗模型解释了农村剩余劳动力从农村迁移到城镇就业的过程，却无法解释户籍制度的存在使农民工城镇就业存在的特殊性，也无法解释农民工城镇迁移主要是候鸟式迁移，永久迁移比例不高的事实。工作搜寻理论能够解释农民工主动进行工作转换导致的就业不稳定性，但无法解释农民工被动工作转换导致的就业不稳定性。专业人力资本理论解释了农民工人力资本积累缓慢导致的就业不稳定性，但没有解释由于身份的原因，企业不愿对农民工进行专业人力资本投资的事实。劳动力市场分割理论强调制度因素在劳动力市场中的作用，能够解释农民工被动的工作转换导致的就业不稳定性，但无法对农民工为改善就业福利而进行的主动工作转换给出充分的解释。

迁移的收入成本理论、工作搜寻理论和专业人力资本理论强调了农民工的人力资本在就业稳定性中所发挥的作用，而两部门迁移理论和劳动力市场分割理论则说明，农民工迁移到城镇后受身份的限制较难实现稳定的就业。理论上，较低的人力资本水平和劳动力市场的分割是导致农民工就业稳定性差的重要因素，那么农民工的人力资本在增强就业稳定性中所发挥的作用程度如何，农民工与城镇工人力资本的差距以及市场分割在就业稳定性差距中给出怎样的解释，这些都需要通过具体的实证分析才能加以确定。

4 人力资本、市场分割与就业稳定性

理论分析表明，农民工较低的人力资本水平和制度性因素所导致的劳动力市场分割是农民工就业稳定性差的原因。进入21世纪后，国务院以及各级地方政府陆续出台了一系列法律法规，并且相继实施了多项农民工职业技能培训公共项目，农民工就业的宏观制度环境不断改善。在一系列农民工新政不断实施以及劳动供给结构发生改变的背景下，农民工的就业稳定性发生怎样的改变趋势？与城镇本地居民的差异呈现怎样的变化？人力资本因素对农民工的就业稳定性影响程度是否发生改变？市场分割对就业稳定性差距的解释是否下降？这些都需要从纵向维度对农民工的就业稳定性进行考察。本章采用中国家庭收入项目2002年、2007年和2013年关于城镇住户和进城务工劳动力的调查数据，分析农民工和城镇工就业稳定性差距及其演变，考察人力资本和市场分割在其中所发挥的作用程度。

4.1 农民工与城镇工就业稳定性的差距与演变

本章分析所采用的数据来自中国家庭收入项目2002年、2007年和2013年3个年份的城镇住户和进城务工人员调查。一个首要明确的问题是就业稳定性如何度量。这3个年份的调查都对城镇工和农民工的工作类型进行了区分，包括“固定工”“长期合同工”“短期或临时合同工”“无合同的临时工”“不领工资的家庭帮工”“自我经营者”“打零工”“其他”，因此，采用劳动合同类型界定就业稳定性为纵向的比较提供了可能。从劳动合同类型来看，“固定工”和“长期合同工”所体现的就业关系要更加稳定，因此，这两种合同类型界定为稳定就业，其余类型界定为非稳定就业。

在样本的筛选过程中，首先，考虑到2007年的调查方法采用的是工作地点调查，而2002年和2013年的调查方法是居住社区调查，为保持三次调查样本的可比性，在2007年农民工的调查样本中去掉住所为“单位宿舍”“建筑工地”“其他工作地点”的农民工；其次，考虑城镇工的退休行为，将样本年龄范围限定在16周岁到60周岁之间；最后，剔除了分析所需变量信息缺失的个体。经过筛选，2002年、2007年和2013年城镇工的样本量分别为9 922、6 920和9 198，农民工的样本量分别为3 304、3 894和1 187。

图4-1给出了2002年至2013年农民工与城镇工就业稳定性的演变状况。可以发现，在3个年份上农民工的就业稳定性都要明显低于城镇工。2002年农民工的稳定就业比为5.3%，城镇工的稳定就业比高达72.4%，前者比后者低67.1个百分点；与2002年相比，农民工的就业稳定性在2007年显著提高，上升到33.6%，城镇工的稳定就业比略有提升，为74.7%，由于农民工的稳定就业比上升明显使二者的差距降为41.1个百分点。受到劳动力市场整体状况改变的影响，2013年农民工和城镇工的就业稳定性与2007年相比都出现回落，城镇工的稳定就业比为50.7%，农民工为18.3%，二者之间的差距为32.4个百分点，与2007年相比，就业稳定性差距仍然下降。总体来看，农民工与城镇工的就业

稳定性差距呈现不断下降趋势。

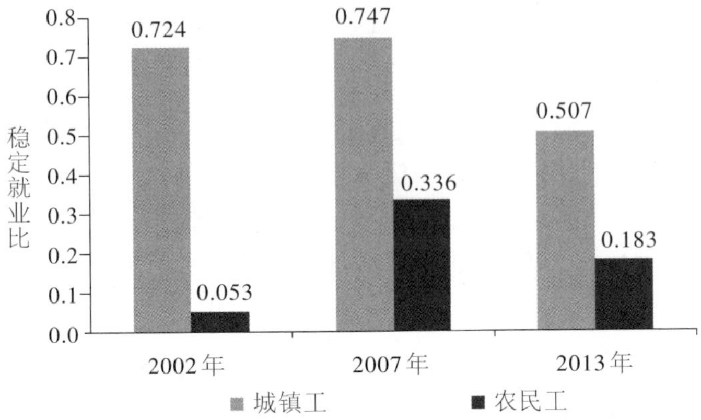

图4-1 2002年至2013年城镇工和农民工就业稳定性的演变状况

人力资本是本章关心的核心因素之一，此外，就业稳定与否也会受到需求方因素的制约，为此，选取体现健康人力资本的年龄、体现通用人力资本的教育水平、体现专业人力资本的工作经验以及体现需求方因素的行业和单位类型，比较农民工与城镇工在这些特征上的差异。表4-1给出了变量的统计性描述。

表4-1 **变量的统计性描述**

变量	2002年				2007年				2013年			
	合并	城镇工	农民工	均值差异	合并	城镇工	农民工	均值差异	合并	城镇工	农民工	均值差异
平均年龄（岁）	38.90	40.39	34.42	5.97	37.08	40.00	31.91	8.09	39.41	39.82	36.28	3.54
小学及以下	0.09	0.03	0.22	-0.23	0.06	0.03	0.13	-0.10	0.06	0.05	0.15	-0.10
初中	0.31	0.24	0.55	-0.31	0.31	0.20	0.52	-0.32	0.29	0.26	0.51	-0.25
高中	0.35	0.41	0.18	0.23	0.34	0.36	0.30	0.06	0.29	0.30	0.22	0.08
大专及以上	0.25	0.33	0.02	0.31	0.28	0.42	0.05	0.37	0.36	0.39	0.12	0.27
工作经验（年）	12.12	14.46	5.11	9.35	9.42	12.36	4.20	8.16	11.76	12.35	7.18	5.17

续表

变量	2002年				2007年				2013年			
	合并	城镇工	农民工	均值差异	合并	城镇工	农民工	均值差异	合并	城镇工	农民工	均值差异
行业1	0.30	0.35	0.16	0.19	0.26	0.27	0.22	0.05	0.28	0.28	0.30	−0.02
行业2	0.34	0.23	0.69	−0.46	0.43	0.31	0.63	−0.32	0.34	0.32	0.52	−0.20
行业3	0.36	0.43	0.15	0.27	0.32	0.42	0.15	0.27	0.38	0.41	0.18	0.23
国有和集体	0.33	0.41	0.11	0.30	0.19	0.25	0.09	0.16	0.20	0.21	0.09	0.12
外资	0.02	0.02	0.01	0.01	0.05	0.04	0.05	−0.01	0.03	0.03	0.02	0.01
私营	0.05	0.04	0.08	−0.04	0.25	0.18	0.37	−0.19	0.26	0.25	0.34	−0.09
个体和其他	0.60	0.53	0.81	−0.28	0.51	0.53	0.49	0.04	0.51	0.51	0.55	−0.04
东部	0.38	0.39	0.37	0.02	0.39	0.38	0.39	−0.01	0.42	0.42	0.43	−0.01
中部	0.35	0.35	0.35	0.00	0.43	0.42	0.45	−0.03	0.36	0.35	0.40	−0.05
西部	0.27	0.27	0.29	−0.02	0.18	0.20	0.16	0.04	0.22	0.23	0.17	0.06

注：行业1代表第一产业和第二产业，行业2代表第三产业中的批发零售、住宿餐饮、社会服务等劳动密集型行业，行业3代表第三产业中的其他行业。

首先，观察2002年至2007年城镇工和农民工特征的变化。从年龄来看，城镇工的平均年龄维持在40岁左右，而农民工的平均年龄则呈现下降趋势。2002年城镇劳动力市场对农民工的进入还存在一定的限制，此时的农民工多为农村成熟劳动力，但随着鼓励农村劳动力转移政策的不断实施，大量年轻一代农村劳动力进入城镇工作，拉低了农民工的平均年龄。对比来看，农民工与城镇工的年龄差距呈现扩大趋势。从教育水平来看，城镇工具有高中以上学历的比例由74%上升至78%，农民工则由20%上升至35%，因此，二者的教育水平差距呈现下降趋势。从工作经验来看，城镇工和农民工的平均工作年限都下降，但差距由9.35年下降为8.16年。城镇工和农民工就业的行业类型以及单位类型的分布也发生了明显的改变，城镇工在第一产业和第二产业的就业比例下降，在第三产业的劳动密集型行业的就业比例上升，农民工就业的行业分布则发生了相反的变化。城镇工在国有和集体单位的就业比例下降，在私营企业的就业比例上升，农民工的就业单位类型则由个体和其他向私营企业转变。

其次，观察2007年到2013年城镇工和农民工的特征变化。随着转移的持续以及劳动力年龄结构的转变，进入城镇的农村年轻劳动力逐渐减少，使农民工的平均年龄又呈现上升趋势，农民工与城镇工的年龄差距由2007年的8.09岁下降为3.54岁。2007年到2013年，城镇工的教育水平出现一定程度的下降，具有高中以上学历的比例由78%降为69%，原因在于这一时期行政区划的变化，导致原来的农村居民户籍身份发生转变，使城镇工的整体教育水平出现下降。农民工中具有高中及以上学历的比例并没有发生显著变化，但具有大专及以上学历农民工的比例提升了7个百分点，因此，农民工与城镇工教育水平的差距进一步下降。从工作经验来看，农民工的工作年限由2007年的4.20年增加到7.18年，与城镇工的差距继续下降。从行业来看，城镇工2013年的行业分布与2007年比未发生明显的改变，农民工在第一产业和第二产业的就业比例仍然在增加，在第三产业劳动密集型行业的就业比例仍在下降。从单位类型来看，城镇工在国有和集体单位的就业比例下降，在私营企业的就业比例增加，农民工则在个体与其他单位就业的比例增加，在私营企业的就业比例下降。

综合来看，每个年份中，农民工和城镇工在人力资本特征、就业的行业分布和单位类型分布上都存在差异，因此，这种差异可能会对二者的就业稳定性差距给出解释。此外，农民工与城镇工的特征差距在3个年份上也发生着改变，这种改变又可能对就业稳定性差距的变化给出解释，为此，进一步对每个年份的就业稳定性差距以及年份间就业稳定性差距的变化进行分解分析。

4.2 人力资本、市场分割对就业稳定性差距的贡献

为对每个年份中农民工与城镇工就业稳定性的差距进行解释，本节采用Oaxaca-Blinder分解（OB分解）方法进行分析（Oaxaca，1973；Blinder，1973），将就业稳定性差距分解为特征差距和系数差异的贡献。

将城镇工和农民工的就业稳定性方程设定为如下形式：

$$Y = X'\beta + \varepsilon \tag{4.2.1}$$

其中，Y表示就业稳定性（就业稳定时取1，不稳定时取0），X表示影响就业稳定性的可观测因素，β表示相应的系数，ε表示影响就业稳定性的不可观测因素。分别对农民工和城镇工的就业稳定性方程进行普通最小二乘法回归，可以得到：

$$\bar{Y}_u = \bar{X}'_u\hat{\beta}_u \tag{4.2.2}$$

$$\bar{Y}_m = \bar{X}'_m\hat{\beta}_m \tag{4.2.3}$$

其中，u表示城镇工，m表示农民工，$\bar{Y}_u$和$\bar{Y}_m$分别表示城镇工和农民工就业稳定性的均值（即稳定就业所占的比例），$\bar{X}'_u$和$\bar{X}'_m$分别表示影响城镇工和农民工就业稳定性的可观测因素均值，$\hat{\beta}_u$和$\hat{\beta}_m$分别表示相应可观测因素的系数估计。依据OB分解方法，农民工与城镇工就业稳定性的均值差距可以分解为：

$$\bar{Y}_u - \bar{Y}_m = \bar{X}'_u\hat{\beta}_u - \bar{X}'_m\hat{\beta}_m = \underbrace{(\bar{X}'_u - \bar{X}'_m)\hat{\beta}_p}_{E} + \underbrace{\bar{X}'_u(\hat{\beta}_u - \hat{\beta}_p) + \bar{X}'_m(\hat{\beta}_p - \hat{\beta}_m)}_{C} \tag{4.2.4}$$

$\hat{\beta}_p$表示基于农民工和城镇工合并样本回归所得到的系数估计（回归的可观测因素包含体现农民工身份的虚拟变量）。其中，等号右边的第一部分E表示城镇工和农民工可观测因素差距所导致的就业稳定性差距，是可解释部分，第二部分C表示由可观测因素的系数差距导致的就业稳定性差距，是不可解释部分，体现了城镇劳动力市场的分割因素。

表4-2给出了就业稳定方程的OLS回归结果。首先从合并回归的结果来看，农民工身份变量的系数为负，说明在考虑了可观测因素的影响后，农民工的就业稳定性要显著低于城镇工，并且从2002年至2013年，农民工身份系数的绝对值在减小，说明就业稳定性差距中由身份所体现的不可解释部分逐渐下降。

从年龄的系数来看，农民工的就业稳定性在2002年和2013年表现为先降后升的趋势，在2007年表现为先升后降的趋势，但2007年和2013年表现出的趋势并不显著，城镇工的就业稳定性在2002年和2007年表现为先降后升的趋势，但在2013年表现为先升后降的趋势。农民

表4-2 就业稳定方程的OLS回归结果

变量	2002年			2007年			2013年		
	农民工	城镇工	合并	农民工	城镇工	合并	农民工	城镇工	合并
年龄	−0.008***	−0.014***	−0.011***	0.003	−0.013***	−0.009***	−0.001	0.015***	0.013***
年龄平方	0.000**	0.000***	0.000***	0.000	0.000**	0.000*	0.000	−0.000***	−0.000***
初中	−0.004	0.087***	0.020*	0.054**	0.090***	0.082***	0.042	0.051**	0.054***
高中	0.046***	0.158***	0.096***	0.124***	0.196***	0.169***	0.081**	0.164***	0.159***
大专及以上	0.127***	0.284***	0.236***	0.164***	0.331***	0.300***	0.282***	0.350***	0.352***
工作经验	0.002	0.041***	0.034***	0.008*	0.022***	0.014***	0.016***	0.025***	0.024***
经验平方	0.000	−0.001***	−0.001***	−0.001**	−0.000***	−0.000**	−0.000***	−0.000***	−0.000***
行业2	−0.038***	−0.232***	−0.178***	−0.163***	−0.151***	−0.180***	−0.116***	−0.168***	−0.164***
行业3	−0.032**	0.049***	0.048***	−0.008	0.049***	0.041***	−0.062**	0.110***	0.103***
私营	−0.119***	−0.378***	−0.292***	−0.105***	−0.108***	−0.072***	−0.283***	−0.211***	−0.212***
外资	−0.046	−0.151***	−0.155***	0.186***	0.026	0.107***	0.023	−0.019	−0.012
个体和其他	−0.202***	−0.123***	−0.143***	−0.337***	−0.153***	−0.197***	−0.446***	−0.229***	−0.244***
中部	0.035***	0.081***	0.076***	−0.054***	−0.013	−0.033***	−0.004	−0.014	−0.014
西部	0.013	0.068***	0.065***	0.024	0.034***	0.029***	−0.079***	−0.042***	−0.045***
农民工身份	—	—	−0.277***	—	—	−0.178***	—	—	−0.069***
常数项	0.381***	0.547***	0.590***	0.572***	0.753***	0.780***	0.497***	0.032	0.083
调整 R^2	0.122	0.417	0.577	0.213	0.251	0.34	0.278	0.394	0.403
F统计量	32.774	506.953	1199.152	75.093	165.689	370.918	32.166	427.114	466.276
样本量	3 304	9 922	13 226	3 894	6 920	10 814	1 187	9 198	10 385

注：***、**、*分别表示变量的系数在1%、5%和10%的水平上显著。

工和城镇工的就业稳定性并没有呈现出确定性的生命周期模式。从教育水平的系数来看，教育水平在城镇工获得稳定就业中发挥的作用要更大，主要原因在于城镇工的教育水平要高于农民工，更高的文化程度提升了寻求就业信息的能力，拓宽了就业选择的范围，使城镇工能够获得更为稳定的就业。从2002年至2013年，教育水平在城镇工和农民工获得稳定就业中的作用不断增强，主要原因在于劳动力市场化程度的加强使教育的信号作用和能力体现作用越来越明显，用工企业与教育水平高的个体倾向于实现更好的岗位匹配。从工作经验的系数来看，工作经验对城镇工就业稳定性的影响在3个年份中都呈现边际递减的正向作用，并且这种正向作用2002年至2007年下降，2007年至2013年又有所上升，工作经验对农民工就业稳定性的正向影响在2002年并不显著，在2007年和2013年显著，说明随着农民工工作经验的不断增加，专业人力资本发挥的作用逐渐得以显现，但由于农民工的平均工作年限要低于城镇工，专业人力资本所发挥的作用要小于城镇工。

行业变量的系数估计表明，3个年份上，农民工在第一产业和第二产业的就业稳定性最强，在劳动密集型服务业的就业稳定性最差，城镇工在第三产业的非劳动密集型行业就业最为稳定，同样在劳动密集型服务业的就业稳定性最差。从就业的单位类型来看，3个年份上，农民工在个体和私营单位就业的稳定性都要差于在国有和集体企业以及外资企业就业的稳定性，城镇工在国有和集体企业就业的稳定性都较强。2002年，在外资企业就业的稳定性相对于在个体企业并不具有明显的优势，但在2007年和2013年，在外资企业就业的稳定性与在国有和集体企业相当。

表4-3给出了就业稳定性差距的OB分解结果。可以发现，3个年份上，可解释部分的占比都要高于体现劳动力市场分割的不可解释部分占比。分年份来看，2002年，农民工与城镇工稳定就业比例的差距为67.1个百分点，可解释部分占比58.7%，体现劳动力市场分割的不可解释部分占比41.3%。2002年到2007年就业稳定性总体差距下降，可解释部分和不可解释部分的绝对值都在下降，但可解释部分下降的幅度大于不可解释部分下降的幅度，使不可解释部分的占比略有上升。2007年到2013年，稳定就业比例的差距进一步下降，但可解释部分的绝对值没

有下降反而略有增加，不可解释部分绝对值则出现下降，导致不可解释部分占比下降为21.2%。从可解释部分的具体成分来看，3个年份中，年龄对就业稳定性差距给出了负向解释，说明农民工较低的年龄缩小了其与城镇工就业稳定性的差距，教育和工作经验对就业稳定性差距给出了较多的正向解释，其次是行业和单位类型，而地区给出的解释程度较小，说明农民工在教育和工作经验上与城镇工的差距、在就业的行业和单位类型分布上与城镇工的差异是导致农民工就业稳定性低于城镇工的重要原因。因此，提高农民工的人力资本水平，缩小其与城镇工的差距，是继续增强农民工就业稳定性，缩小与城镇工就业稳定性差距的落脚点，这样不仅能够通过降低与城镇工的人力资本差距直接缩小就业稳定性差距，而且可以缓解行业和职业隔离程度间接缩小差距。

表4-3 **就业稳定性差距的OB分解结果**

分解	2002年		2007年		2013年	
	绝对差距	占比	绝对差距	占比	绝对差距	占比
就业稳定性差距	0.671***	100.000	0.411***	100.000	0.324***	100.000
可解释部分	0.394***	58.718	0.233***	56.745	0.255***	78.844
年龄	−0.013***	−1.995	−0.027***	−6.684	−0.007***	−2.030
教育	0.088***	13.149	0.093***	22.593	0.095***	29.331
工作经验	0.176***	26.289	0.091***	22.210	0.082***	25.342
行业	0.096***	14.231	0.068***	16.606	0.058***	17.765
单位类型	0.048***	7.209	0.006**	1.430	0.029***	9.084
地区	−0.001	−0.164	0.002***	0.589	−0.002***	−0.648
不可解释部分	0.277***	41.282	0.178***	43.255	0.069***	21.156

注：***、**、*分别表示变量的系数在1%、5%和10%的水平上显著。

4.3 农民工与城镇工就业稳定性差距演变的解释

为确定农民工与城镇工特征差距的纵向变动对就业稳定性差距变动的影响，进一步采用Smith-Welch分解方法进行分析（Smith和Welch，

1989）。Smith-Welch 分解以 OB 分解所得到的结果为基础，依据式（4.2.4）第t期的OB分解结果重新表述为：

$$d\bar{Y}_t = d\bar{X}_t' \cdot \hat{\beta}_{pt} + [\bar{X}_{ut}' \cdot (\hat{\beta}_{ut} - \hat{\beta}_{pt}) + \bar{X}_{mt}'(\hat{\beta}_{pt} - \hat{\beta}_{mt})] = E_t + C_t \tag{4.3.1}$$

其中，$d\bar{Y}_t = \bar{Y}_{ut} - \bar{Y}_{mt}$，$d\bar{X}_t' = \bar{X}_{ut}' - \bar{X}_{mt}'$，由 $t-1$ 期到 t 期的就业稳定性差距变动可以表示成：

$$\Delta = d\bar{Y}_t - d\bar{Y}_{t-1} = \underbrace{E_t - E_{t-1}}_{dE} + \underbrace{C_t - C_{t-1}}_{dC} \tag{4.3.2}$$

其中，$C_t - C_{t-1}$ 可以进一步分解为：

$$\begin{aligned} C_t - C_{t-1} = & \underbrace{[(\bar{X}_{ut} - \bar{X}_{ut-1})'(\hat{\beta}_{ut-1} - \hat{\beta}_{pt-1}) + (\bar{X}_{mt} - \bar{X}_{mt-1})'(\hat{\beta}_{pt-1} - \hat{\beta}_{mt-1})]}_{\text{identity interaction(II)}} \\ & + \underbrace{[\bar{X}_{ut}'((\hat{\beta}_{ut} - \hat{\beta}_{pt}) - (\hat{\beta}_{ut-1} - \hat{\beta}_{pt-1})) + \bar{X}_{mt}'((\hat{\beta}_{pt} - \hat{\beta}_{mt}) - (\hat{\beta}_{pt-1} - \hat{\beta}_{mt-1}))]}_{\text{identity - year interaction(IYI)}} \end{aligned} \tag{4.3.3}$$

$E_t - E_{t-1}$ 可以进一步分解为：

$$\underbrace{E_t - E_{t-1}}_{dE} = \underbrace{(d\bar{X}_t - d\bar{X}_{t-1})'\hat{\beta}_{pt-1}}_{\text{main effect(ME)}} + \underbrace{d\bar{X}_t'(\hat{\beta}_{pt} - \hat{\beta}_{pt-1})}_{\text{year interaction(YI)}} \tag{4.3.4}$$

ME表示农民工与城镇工可观测特征差距的变动对就业稳定性差距变动的贡献。如果农民工与城镇工某项特征在t期的差距小于 $t-1$ 期的差距，并且 $t-1$ 期该项特征在劳动力市场上表现出正收益，那么该项特征差距的变动将对就业稳定性差距的变动产生正向贡献。Ⅱ表示考虑了特征收益的差异后，农民工和城镇工自身特征的变动对就业稳定性差距变动的补充贡献。如果农民工和城镇工的某项特征都随着时间不断增加，但在 $t-1$ 期，市场存在对农民工的歧视，使 $\hat{\beta}_{ut-1} > \hat{\beta}_{pt-1} > \hat{\beta}_{mt-1}$，那么这种特征的增加将会对就业稳定性差距的变动产生负向贡献。ME与Ⅰ的和表示农民工和城镇工特征的改变对就业稳定性差距变动的总贡献。

YI表示由 $t-1$ 期到t期，特征的整体收益变动对就业稳定性差距变动的贡献。如果某项特征的整体收益随着时间增加，使 $\hat{\beta}_{pt} > \hat{\beta}_{pt-1}$，并且t期时，城镇工的这项特征高于农民工，那么YI将对就业稳定性差距的变动产生负向贡献。因此，YI项度量了劳动力市场整体状况的改变对就业稳定性差距变动的贡献。IYI表示考虑了农民工与城镇工特征收益的差异后，特征收益的相对变动对就业稳定性差距变动的贡献。如果劳动力市场出现有利于农民工的改变，使农民工在某项特征上的收益增加，那么将会出现$(\hat{\beta}_p-\hat{\beta}_m)$下降，同时$(\hat{\beta}_u-\hat{\beta}_p)$也下降的情形，使IYI项对就业稳定性差距的变动给出正向贡献。因此，IYI度量了有利于农民工的各项政策在降低就业稳定性差距上所发挥的作用。

表4-4给出了农民工与城镇工就业稳定性差距变动的分解结果。稳定就业比例的差距由2002年的67.1个百分点下降至2007年的41.1个百分点，减少26个百分点（见表4-3）。具体来看，ME贡献的占比为20%，说明农民工与城镇工特征差距的下降对就业稳定性差距的下降给出了正向解释，Ⅱ贡献的占比为40%，说明农民工和城镇工的特征变动对就业稳定性差距的下降给出了正向补充解释，两者的合计占比为60%。YI项的贡献占比为41.9%，说明劳动力市场整体状况的发展降低了就业稳定性差距，最后，IYI项的贡献占比仅为-1.9%，说明2002年至2007年劳动力市场内部并没有产生有利于就业稳定性差距下降的变化，即针对农民工群体实施的政策并没有产生明显的效果。因此，2002年至2007年，农民工与城镇工就业稳定性差距的下降，是由农民工和城镇工的特征变动以及劳动力市场整体环境的改变所引起的。

表4-4 **农民工与城镇工就业稳定性差距变动的分解结果**

分解	2002—2007				2007—2013			
	ME	YI	Ⅱ	IYI	ME	YI	Ⅱ	IYI
年龄	−0.008	−0.006	0.005	−0.147	0.016	0.004	−0.001	0.531
教育	−0.003	0.007	0.007	−0.030	−0.018	0.020	0.004	−0.031
工作经验	−0.019	−0.066	−0.031	−0.062	−0.036	0.026	0.043	−0.040
行业	−0.026	−0.001	0.003	0.103	−0.022	0.011	0.003	−0.007
就业单位类型	0.002	−0.045	−0.086	0.136	0.010	0.014	0.007	0.045
地区	0.001	0.002	−0.002	−0.010	0.001	−0.006	−0.002	−0.015
常数项	0.000	0.000	0.000	0.015	0.000	0.000	0.000	−0.647
总效应	−0.052	−0.109	−0.104	0.005	−0.049	0.071	0.054	−0.164

稳定就业比例的差距由2007年的41.1个百分点下降至2013年的32.4个百分点，减少了8.7个百分点（见表4-3）。具体来看，四项效应中ME和IYI对就业稳定性差距的下降都给出了正向解释，而II和YI则给出了负向解释。ME贡献的占比为56.3%，说明农民工与城镇工特征差距的下降依然对就业稳定性差距的下降给出了正向解释，II贡献的占比为-62.1%，说明农民工和城镇工的特征变动对就业稳定性差距的下降给出了负向的补充解释，ME和II的作用几乎相互抵消，两者的合计贡献占比为-5.8%。YI项的贡献占比为-81.6%，说明劳动力市场整体状况的发展对就业稳定性差距的贡献给出了负向解释，即这一时期劳动力市场的整体发展并不利于就业稳定性差距的缩小。最后，IYI项的贡献占比为188.5%，说明针对农民工群体实施的政策产生了明显的效果。因此，2007年至2013年，农民工与城镇工就业稳定性差距的下降，主要得益于针对农民工群体实施的各项政策所发挥的作用。

4.4 就业稳定性差距与收入差距的比较

在农民工与城镇工就业福利的比较分析中，收入差距受到了最多的关注，为将就业稳定性差距的结果与收入差距的结果进行比较，本节对收入差距的变动进行分解分析。2002年的城镇工调查以及2013年的城镇工和农民工调查获得的是年总收入，而2002年的农民工调查以及2007年的城镇工和农民工调查获得的是月总收入，考虑到农民工和城镇工的工作时间存在明显差异，为使城镇工和农民工的收入具有横向对比性以及3个年份的收入具有纵向对比性，采用小时收入进行分析。2002年城镇工以及2013年城镇工和农民工的小时收入等于年收入除以年工作时间，其中年工作时间由年平均工作月数乘以月平均工作天数再乘以每天的平均工作小时数得到，2002年农民工以及2007年城镇工和农民工的小时收入等于月收入除以月工作时间，其中月工作时间由周平均工作时间乘以4.5得到。图4-2给出了城镇工和农民工小时收入的演变状况。可以发现，城镇工和农民工的小时收入都呈现增长趋势，2002年城镇工小时收入的对数为1.520，而农民工小时收入的对数为0.747，两者之间的差距为0.773，2007年差距下降为0.572，2013年进一步下降为0.160。总体来看，农民工与城镇工的小时收入差距也呈现逐渐减小趋势。

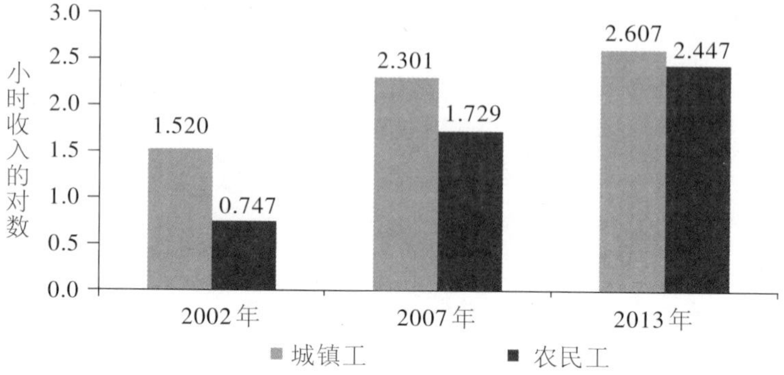

图4-2 城镇工和农民工小时收入的演变状况

表4-5给出了农民工和城镇工收入方程的OLS回归结果。首先从合并回归的结果来看，农民工身份变量的系数由2002年的-0.187增加为2007年的-0.179，并在2013年转变为正的0.122，说明2002年至2013年，城镇工与农民工收入差距中由农民工身份所体现的不可解释部分逐渐减小至消失，并转变为负向贡献。因此，可以判断，随着劳动力市场的不断发展和结构的改变，城镇劳动力市场已经不存在对农民工的收入歧视现象。

从年龄的系数来看，3个年份中，年龄对农民工和城镇工收入的影响都呈现倒U型趋势，这与年龄对就业稳定性没有表现出确定的影响模式不同。从教育水平的系数来看，教育水平在城镇工和农民工收入增加中所发挥的作用自2002年至2013年不断减弱，主要原因在于劳动密集型制造业和服务业的发展使低教育水平劳动力需求增加，促进了低教育水平劳动力收入的增长。教育对农民工和城镇工收入的影响呈现下降趋势，但对就业稳定性的影响呈现增加趋势，说明在评价教育的收益时，应该综合考虑更为全面的就业收益测度。从工作经验的系数来看，其所体现的专业人力资本对农民工和城镇工收入的影响在3个年份中都呈现边际递减的正向作用，这与工作经验对就业稳定性的影响趋势类似。

行业对农民工和城镇工收入的影响与对就业稳定性的影响趋势基本相同。3个年份中，农民工在第一产业和第二产业具有最高的收入，在

表4-5　农民工和城镇工收入方程的OLS回归结果

变量	2002年			2007年			2013年		
	农民工	城镇工	合并	农民工	城镇工	合并	农民工	城镇工	合并
年龄	0.050***	0.026***	0.023***	0.038***	0.008	0.015***	0.063***	0.036***	0.039***
年龄平方	−0.001***	−0.000**	−0.000***	−0.001***	−0.000	−0.000***	−0.001***	−0.000***	−0.000***
初中	0.184***	0.198***	0.215***	0.171***	0.121**	0.166***	0.052	0.106***	0.095***
高中	0.367***	0.445***	0.441***	0.267***	0.286***	0.295***	0.177**	0.278***	0.257***
大专及以上	0.574***	0.740***	0.743***	0.436***	0.695***	0.693***	0.277***	0.597***	0.566***
工作经验	0.037***	0.027***	0.028***	0.039***	0.031***	0.028***	0.027***	0.022***	0.022***
工作经验平方	−0.001**	−0.000***	−0.000***	−0.001***	−0.000***	−0.000***	−0.001**	−0.000***	−0.000***
行业2	−0.347***	−0.209***	−0.214***	−0.159***	−0.168***	−0.148***	−0.152***	−0.193***	−0.183***
行业3	−0.202***	0.216***	0.159***	−0.126***	0.089***	0.055***	0.023	0.038*	0.041**
私营	0.257***	0.056*	0.144***	−0.102***	0.03	0.001	−0.125	−0.014	−0.029
外资	0.282*	0.344***	0.346***	0.063	0.288***	0.229***	0.187	0.232***	0.231***
个体与其他	0.051	0.024*	0.055***	−0.144***	−0.001	−0.02	−0.115	−0.080***	−0.080***
中部	−0.259***	−0.401***	−0.367***	−0.255***	−0.381***	−0.342***	−0.120***	−0.224***	−0.213***
西部	−0.258***	−0.301***	−0.287***	−0.272***	−0.486***	−0.417***	−0.059	−0.186***	−0.176***
农民工身份	—	—	−0.187***	—	—	−0.179***	—	—	0.122***
常数项	−0.047	0.211*	0.326***	1.277***	1.771***	1.682***	1.408***	1.543***	1.527***
调整 R^2	0.167	0.304	0.39	0.146	0.296	0.343	0.088	0.208	0.196
F统计量	47.237	309.494	563.932	47.544	207.776	376.342	8.051	171.85	168.59
样本量	3 304	9 922	13 226	3 894	6 920	10 814	1 187	9 198	10 385

注：***、**、*分别表示变量的系数在1%、5%和10%的水平上显著。

劳动密集型服务业的收入最低，城镇工在第三产业中的非劳动密集型行业收入最高，同样，在劳动密集型服务业的收入最低。单位类型对收入的影响与对就业稳定性的影响存在差异。3个年份中，农民工和城镇工在外资企业都具有最高的收入，2002年时，无论是农民工还是城镇工在私营和个体企业的收入要高于在国有和集体企业的收入，但在2007年和2013年这种趋势却发生了逆转。

表4-6给出了农民工与城镇工收入差距的OB分解结果。3个年份中，可解释部分的占比都要高于体现劳动力市场分割的不可解释部分占比，并且可解释部分所占的比例要大于就业稳定性差距分解中可解释部分所占的比例。分年份来看，2002年至2013年，农民工与城镇工平均收入差距逐渐减小，不可解释部分的占比同就业稳定性差距中不可解释部分的占比变动趋势一致，也是先上升后下降。2007年至2013年，收入差距下降依然是由可观测因素差距的下降和劳动力市场分割程度减小两方面导致，但分割程度减小所发挥的作用远超过可观测因素差距下降所发挥的作用。从可解释部分的具体成分来看，与就业稳定性差距分解结果类似，3个年份中，教育和工作经验的差距对收入差距都给出了最多的解释，不同的是，对收入差距的解释程度要大于对就业稳定性差距的解释程度。

表4-6 **农民工与城镇工收入差距的OB分解结果**

分解	2002年		2007年		2013年	
	绝对差距	占比	绝对差距	占比	绝对差距	占比
收入差距	0.773	100.000	0.572	100.000	0.160	100.000
可解释部分	0.586***	75.781	0.393***	68.680	0.281***	176.005
年龄	0.049***	6.321	−0.018***	−3.177	0.008**	5.310
教育	0.263***	33.939	0.216***	37.856	0.151***	94.305
工作经验	0.143***	18.428	0.142***	24.773	0.067***	42.194
行业	0.143***	18.434	0.062***	10.806	0.047***	29.555
就业单位类型	−0.015***	−1.966	−0.003	−0.469	0.007**	4.679
地区	0.005	0.625	−0.006*	−1.110	0.000	−0.038
不可解释部分	0.187***	24.219	0.179***	31.320	−0.122***	−76.005

注：***、**、*分别表示变量的系数在1%、5%和10%的水平上显著。

表4-7给出了农民工与城镇工收入差距变动的分解结果。收入对数差距由2002年的0.773下降至2007年的0.572，减少了0.201（见表4-6），ME、II和YI对小时收入差距的下降都给出了正向贡献。ME贡献的占比为37.8%，说明农民工与城镇工特征差距的下降对收入差距的下降给出了正向解释，II贡献的占比为25.4%，说明特征变动对收入差距的下降给出了正向补充解释，ME和II两者的合计占比63.2%，这一比例与就业稳定性差距变动中ME和II两项的占比基本相同。YI项的贡献占比为58.7%，说明劳动力市场整体状况的发展降低了收入差距，最后，IYI对收入差距的下降给出了反向贡献，为-21.4%，说明针对农民工群体实施的劳动力市场政策在这一时期并没有产生有利于收入差距下降的变化。因此，2002年至2007年，农民工与城镇工收入差距的下降主要是由农民工和城镇工特征变动以及劳动力市场整体环境的改变导致的，这一结论与2002年至2007年就业稳定性差距变动分解所得结论基本一致。

表4-7　**农民工与城镇工收入差距变动的分解结果**

分解	2002—2007年				2007—2013年			
	ME	YI	II	IYI	ME	YI	II	IYI
年龄	0.023	-0.090	-0.011	-0.266	0.007	0.020	0.012	0.074
教育	-0.035	-0.011	0.013	-0.037	-0.046	-0.020	0.013	0.075
工作经验	-0.015	0.014	0.010	0.056	-0.059	-0.015	0.027	-0.044
行业	-0.032	-0.049	-0.011	-0.120	-0.019	0.004	0.004	-0.063
单位类型	-0.013	0.025	-0.044	0.195	0.005	0.005	0.000	-0.070
地区	-0.005	-0.007	-0.009	-0.021	-0.002	0.008	0.003	0.026
常数项	0.000	0.000	0.000	0.236	0.000	0.000	0.000	-0.358
总效应	-0.076	-0.118	-0.051	0.043	-0.114	0.003	0.059	-0.359

农民工与城镇工的收入差距由2007年的0.572进一步下降至2013年的0.160，减少0.412（见表4-6）。与2007至2013年就业稳定性差距变动分解中ME和II两项合计贡献为负不同，ME和II两项对收入差距下

降的贡献占比为13.3%，说明农民工与城镇工特征差距的下降依然对收入差距的下降给出了正向解释，但贡献程度较小。YI项的贡献占比为-0.7%，说明劳动力市场整体发展对收入差距的变动几乎没有给出解释。最后，IYI项的贡献占比为87.1%，说明针对农民工群体实施的政策在降低与城镇工收入差距中产生了明显的作用效果。这一结论与2007年至2013年就业稳定性差距变动分解结果得出的结论也基本一致，在程度上，农民工新政在就业稳定性差距下降中所发挥的作用要大于在收入差距下降中所发挥的作用。

4.5 本章的结论与启示

本章采用中国家庭收入调查项目2002年、2007年和2013年的数据，对农民工与城镇工就业稳定性的差距及差距变动进行了分解分析，并将分解结果与收入差距的分解结果进行对比。

分析结论表明，2002年至2013年，农民工与城镇工收入差距和就业稳定性差距都呈现不断缩小趋势，但就业稳定性的差距明显高于收入差距；教育在促进农民工和城镇工收入增加中所发挥的作用不断递减，但在增强就业稳定性上所发挥的作用逐渐增加；尽管市场分割因素在农民工与城镇工就业稳定性差距和收入差距的形成中依然存在，但已小于人力资本差距的作用，尤其是在收入差距的解释中；2002年至2007年，农民工与城镇工就业稳定性差距和收入差距的下降主要是由农民工与城镇工特征差距的变动以及劳动力市场整体状况的改变导致，2007年到2013年，则主要得益于针对农民工群体所实施的各项政策所发挥的作用效果。

农民工与城镇工就业稳定性差距大于收入差距的事实表明，对农民工就业质量关注的焦点应更多地转向包括就业稳定性在内的其他维度，已有研究表明，就业稳定性对农民工的收入具有正向影响（黄乾，2009；寇恩惠和刘伯惠，2013），因此，增强农民工的就业稳定性是进一步提升农民工收入的有效措施。农民工与城镇本地居民人力资本的差距对就业稳定性差距给出了较强的解释，说明增强农民工就业稳定性的关键落脚点在于通过各种措施提升农民工的人力资本水平。市场分割因素对就业稳定性差距仍然有所贡献，说明缓解并最终消除户籍身份导致的各类劳动力市场分割依然会在增强农民工就业稳定性中发挥作用。

提升农民工人力资本水平的策略较为直接，也较易理解，加大农村地区基础教育以及农民工职业技能培训的投入力度，都会产生明显的效果。在消除劳动力市场分割上，除深化户籍制度改革之外，还需要考虑农民工的就业特征，进而引申出有效的策略。此外，2007年至2013年，针对农民工群体实施的各项政策在降低就业稳定性差距上发挥了明显作用的事实，也说明需要将问题的焦点转向策略分析上。

针对农民工人力资本不强的事实，政府开展了职业技能培训项目，通过培训增强农民工的人力资本水平，使农民工能够更迅速地适应城镇的就业环境，政府职业技能培训项目所产生的就业稳定效应如何，这需要更为科学的方法加以评价。劳动力市场的分割使农民工多通过非正规关系网络途径就业，通过中介机构以及直接应聘途径就业的比例较低，不同的就业途径对农民工就业稳定性的影响是怎样的？劳动力市场分割以及人力资本的弱势导致的低工资水平使农民工成为受最低工资影响最为明显的群体，最低工资对农民工的就业稳定性产生怎样的影响？后续章节分别从政府培训、就业途径和最低工资调整三个角度展开分析。

在此之前，本书先将分析的视角转向另外一个问题，即就业稳定性在农民工实现市民身份转变的过程中发挥了怎样的作用？对这一问题的回答能够明确在城镇化背景下增强农民工就业稳定性的重要性。后续的第5章和第6章将分别从永久迁移意愿和体现城市生活能力的消费支出两个角度考察就业稳定性所产生的影响。

5 农民工的就业稳定性对永久迁移意愿的影响

新型城镇化将会成为驱动中国经济增长的动力源，其内涵在于人的城镇化，即农民工不断实现市民身份的转变。尽管农民工在城市工作和生活，为城市经济的发展作出了重要的贡献，但农民工向城市的迁移却以暂时性迁移为主，在城市沉淀实现永久迁移并最终实现市民身份转变的比例不高。农民工能够永久迁移的前提是需要具备永久迁移意愿，那么，就业稳定性在增强农民工永久迁移意愿中发挥了怎样的作用？对不同特征农民工永久迁移意愿的影响是否存在差异？本章将集中对这些问题加以探讨。

5.1 农民工永久迁移问题的研究成果与评论

与发达国家的劳动力迁移以永久迁移模式为主不同，发展中国家的劳动力迁移呈现出期间更长的暂时性迁移模式（Goldstein，1987）。新迁移经济学（Hugo，1982）和双重劳动力市场理论（Piore，1979）对这种现象给出了解释。前者认为暂时性迁移是增加家庭收入的收益最大化策略，后者则认为劳动力市场分割使迁移劳动力只能在次级劳动力市场工作，较低的工资收入无法帮助其实现永久迁移。两种理论对农民工较低的永久迁移比例都能给出一定程度的解释。随着生产率的提升，农村本地的资源禀赋无法继续支撑农村家庭获得更高的收入，剩余劳动力外出务工就成为增加家庭收入的收益最大化策略，但受到城乡分割户籍制度以及自身人力资本不足的限制，这些外出劳动力只能长期在城市次级劳动力市场从事简单的重复性体力劳动，无法通过工作经验的积累获得更高的收入而实现永久迁移。

国内学者沿两个方向对农民工永久迁移比例较低的成因展开研究。一个方向是，以双重劳动力市场理论为基础，从制度视角探讨户籍以及由此所引申出的城乡二元分割在农民工迁移中的阻碍作用（朱宇，2004；蔡禾和王进，2007；黄锟，2011）；另一个方向是，以新迁移经济学理论为基础，从农民工理性选择的视角探讨农民工的社会资本（刘传江和周玲，2004）、政治资本（刘茜等，2013）、人力资本（杨菊华和张娇娇，2016；李飞和钟涨宝，2017）等个人因素对农民工迁移的影响。当然，两个方向的研究并非完全割裂，制度因素也是农民工理性选择的重要考量因素（蔡禾和王进，2007）。基于户籍制度阻碍农民工迁移、不利于城镇化的观点，政府于2014年开始了新一轮的户籍制度改革，取消“农业户口”和“非农业户口”之分，统一改为居民户口，并通过居住证制度剥离户籍与城镇基本公共服务的关联，使农民工在不放弃农村土地权利的同时，能够享受城镇的各项公共服务。可以预期，随着户籍制度改革的大力推进，制度因素对农民工永久迁移的影响将会越来越小，因此，深入分析农民工永久迁移的非制度性影响因素将会更具现实意义。

在农民工永久迁移的非制度性影响因素中，就业无疑应该排在首位。通过就业状况的改善实现经济的城市融合，进而带动社会和心理等其他方面的融合，将会显著提升农民工永久迁移的可能性（李培林和田丰，2012）。如何改善就业状况？工作转换是重要的途径。依据搜寻匹配理论，工作转换是劳动力市场资源实现有效配置的途径，工人通过匹配、离职以及重新匹配，最终实现劳动生产率的最大化（Jovanovic，

1979)。然而，搜寻匹配理论适用于一体化的劳动力市场，在二元分割的城市劳动力市场中，农民工的工作转换很难用搜寻理论进行解释。农民工主要在次级劳动力市场就业，他们的工作转换更多是被迫性的转换，而且较为频繁（Knight和Yueh，2004；白南生和李靖，2008），这使农民工的就业呈现出不稳定的特征。已有研究探讨了就业稳定性对农民工迁移的影响，比如，谢勇（2015）采用更换就业城市的频率、更换工作单位的频率、现职的就业持续时间、劳动合同的签订等界定就业稳定性，分析了这些指标在促进农民工经济、社会和心理融合方面的作用；石智雷和朱明宝（2014）采用就业区域稳定性、就业职业稳定性和劳动合同的签订等界定就业稳定性，分析了三者对农民工城市身份认同和城市长居意愿的影响。

已有研究使我们能够认识到就业稳定性在促进农民工城市迁移上所发挥的积极作用，但有几个问题需要进一步修正和探讨。第一，已有研究关于就业稳定性的定义过于分散，就业稳定性的关键是用工企业和农民工之间雇佣关系的稳定性，采用劳动合同这种以法律关系约束所体现的就业稳定性更具现实和政策意义。第二，已有研究多通过指标的构建分析就业稳定性对农民工实际融合程度的影响，较少探讨就业稳定性对农民工永久迁移意愿的影响。在制度障碍逐渐被破除的情况下，增强农民工永久迁移意愿将成为农民工城市融合的关键，也将会是促进城镇化水平不断提升的着力点。少数研究分析了就业稳定性对农民工长期居住意愿的影响，但没有关注其在户籍转换意愿方面所发挥的作用，本章将同时从户籍转换和长期居住两个方面探讨就业稳定性对农民工永久迁移意愿的影响。第三，已有研究所采用的数据多为2014年以前的数据，无法考察2014年新一轮户籍制度改革之后的状况，并且多为地区性数据，所得结论的代表性值得商榷，本章采用国家卫生健康委2016年和2017年的全国农民工监测调查数据进行分析，所得结论将更具代表性。

5.2 就业稳定性影响永久迁移意愿的理论分析

就业稳定性能够增加农民工的工资收入（黄乾，2009；周闯等，

2017），同时会促使雇主为农民工提供养老保险和医疗保险等社会保障（陆万军和张彬斌，2018），更高的工资收入以及更好的社会保障促进农民工消费水平的增加（罗丽和李晓峰，2020;），使农民工可以更深刻地感受城市生活，更深入地融入城市环境，从而提升永久迁移意愿。基于以上分析，本章提出第一个待验证的假说：

假说1：就业稳定性通过工资收入和社会保障能够间接提升农民工永久迁移意愿。

首先，就业稳定性降低了农民工因失去工作而导致的收入中断风险，增加了农民工的持久收入，为获得更高的未来收入，农民工更倾向于能够实现永久迁移。其次，依据持久收入的消费理论，持久性收入的增加将会促进农民工的消费，进而提升农民工永久迁移意愿。除更高的持久收入外，就业稳定性还使农民工有更多的机会参与社会活动，有利于农民工建立社会关系网络，而关系网络的依附性能够提升农民工永久迁移意愿。最后，就业稳定性缓解了农民工工作中断的忧虑，使他们可以更好地体验城市生活，加之就业稳定性所体现的工作优越感能够增强农民工的身份认同感，这些都将提升农民工永久迁移意愿。基于以上分析，本章提出第二个待验证的假说：

假说2：除去工资收入和社会保障外，就业稳定性本身也能够增强农民工永久迁移意愿，作用机制主要体现为持久收入的预期、社会参与的加深以及身份认同感的增强。

农民工是异质性较强的群体，一个明显的特征是代际异质性，新生代农民工的城市融入程度要明显高于老一代农民工（卢海阳等，2015）。老一代农民工具有较强的归乡意愿，在城市工作的目的只是获得更多收入，最终还是要返回农村生活，因此，他们更看重当期收入，就业稳定性所体现的持久收入、社会参与以及身份认同对其永久迁移意愿的影响较小。与老一代农民工不同，新生代农民工更向往城市的工作和生活，他们未来不想也不愿回到农村生活，具有更强的城市定居意愿，在这种情况下，就业稳定性对新生代农民工永久迁移意愿的直接影响会更加明显。据此，本章提出第三个待验证的假说：

假说3：就业稳定性对新生代农民工永久迁移意愿的直接影响要强

于对老一代农民工的影响。

教育水平高的农民工能够获得更高的工资收入，在就业稳定的情况下，具有更高的持久收入预期。此外，根据专业人力资本理论，教育水平高的农民工接受新知识和新技能的能力更迅速，企业更倾向于对他们进行专业培训（Blundell等，1999），并且从培训收益的角度来看，为避免培训后农民工离职导致的收益损失，用工企业提供的培训机会将更多地聚焦于雇佣关系稳定的农民工群体上，因此在高教育水平农民工中，就业稳定的农民工能够获得更多的培训机会，从而具有更高的持久收入预期、更多的社会参与机会和更强的身份认同。在低教育水平农民工中，受到培训成本的约束，就业稳定的农民工相对于就业非稳定的农民工并没有获得更多的培训机会，因此，就业稳定性增强对低教育水平农民工永久迁移意愿的作用要更小。据此，本章提出最后一个待验证的假说：

假说4：就业稳定性对高教育水平农民工永久迁移意愿的直接影响要强于对低教育水平农民工的影响。

5.3 就业稳定性与永久迁移意愿的统计分析

本章分析所使用的数据来自国家卫生健康委2016年和2017年的全国流动人口动态监测调查。本章分析的对象为农民工群体，因此在样本选取中仅保留户口性质为农业以及流动原因是务工经商的流动人口。调查对农民工的就业身份进行了区分，分为“有固定雇主的雇员”“无固定雇主的雇员”“雇主”“自营劳动者”“其他”五类，雇佣关系的稳定性仅体现在受雇群体中，因此，本章的分析仅保留就业身份为“雇员”的农民工，最终得到两年的样本量分别为56 082和57 908。

核心被解释变量是农民工永久迁移意愿，采用长期居住意愿和户籍转换意愿两个指标衡量。表5-1给出了长期居住意愿、户籍转换意愿的调查问题与回答选项的设定。在长期居住意愿上，2016年明确界定长期居住的年限为5年以上，2017年则对今后一段时间打算留在本地的具体居住年限设置了更为详细的回答选项。为保持长期居住意愿变量界定的统一性，本章将长期居住意愿变量设定为二元变量，如果个体打算在本地居住的年限在5年以上，变量的取值为1，否则取值为0。在户籍转换意愿上，2016年和2017年的问题和回答选项设定保持了一致，本章将户籍转换意愿也设定为二元变量，如果被调查者的回答选项为愿意，变量的取值为1，否则取值为0。

表5-1　**长期居住意愿、户籍转换意愿的调查问题与回答选项的设定**

年份	长期居住意愿	户籍转换意愿
2016年	问题：您今后是否打算在本地长期居住(5年以上)？ 回答选项：1. 打算 2. 返乡 3. 继续流动 4. 没想好	问题：如果您符合本地落户条件，您是否愿意把户口迁入本地？ 回答选项：1. 愿意 2. 不愿意 3. 没想好
2017年	问题：今后一段时间，您是否打算继续留在本地？ 回答选项：1. 是 2. 否 3. 没想好 问题：如果您打算留在本地，您预计自己将在本地留多久？ 回答选项：1. 1~2年 2. 3~5年 3. 6~10年 4. 10年以上 5. 定居 6. 没想好	问题：如果您符合本地落户条件，您是否愿意把户口迁入本地？ 回答选项：1. 愿意 2.不愿意 3 .没想好

核心解释变量为就业稳定性。流动人口动态监测调查询问了调查对象与工作单位（雇主）签订的劳动合同类型，分为“有固定期限”“无固定期限”“完成一次性任务”“试用期”“未签订劳动合同”“其他”六类，其中“有固定期限”和“无固定期限”合同所体现的雇佣关系要更加稳定，因此，如果农民工与工作单位签订这两类合同，将其就业界定为稳定就业，在分析中设定“稳定就业”变量，取值为1或0。

表5-2给出了稳定就业农民工和非稳定就业农民工在户籍转换意愿和长期居住意愿上的差异。从统计结果来看，2017年农民工具有在流入地生活超过5年打算的比例明显低于2016年，主要原因在于，2016年对农民工是否打算在流入地长期居住的选项要更少，那些打算在流入

地长期居住，但时间不超过5年的人，也只能选择第1个选项，从而产生了更高的长期居住比例。户籍转换意愿问题和回答选项的设定在两个年份保持一致，因此统计数据具有可比性，与2016年相比，2017年具有户籍转换意愿的农民工比例要更高。按就业稳定性来看，无论是2016年还是2017年，稳定就业农民工的户籍转换意愿和长期居住意愿都要高于非稳定就业农民工，并且差异显著。

表5-2　**稳定就业农民工和非稳定就业农民工永久迁移意愿的差异**

永久迁移意愿	2016年			2017年		
	稳定就业	非稳定就业	均值差异	稳定就业	非稳定就业	均值差异
长期居住意愿	0.5381	0.4803	0.0578***	0.3552	0.3023	0.0529***
户籍转换意愿	0.3317	0.2548	0.0769***	0.3778	0.3142	0.0636***
样本数	32 853	23 229	—	34 552	23 356	—

注：***表示均值差异在1%的水平上显著。

统计结果能够表明就业稳定性和农民工永久迁移意愿之间存在正向关系，但统计结果无法给出就业稳定性对永久迁移意愿的影响程度，以及这种影响有多大程度是通过工资收入和社会保障发挥的作用，并且稳定就业农民工和非稳定就业农民工在个体特征、家庭特征、就业特征等方面都存在差异，为得到就业稳定性对农民工永久迁移意愿的影响，需要进一步构建回归模型进行更深入的分析。

5.4 就业稳定性对永久迁移意愿影响的回归分析

5.4.1 回归模型的设定与分析策略

为分析就业稳定性对农民工永久迁移意愿的影响，建立如下的计量模型：

$$
\begin{aligned}
citywill_i &= \alpha_0 + \alpha_1 stable_i + \gamma' X_i + u_i \\
citywill_i &= \beta_0 + \beta_1 stable_i + \beta_2 income_i + \beta_3 insurance_i + \eta' X_i + \mu_i
\end{aligned}
\qquad (5.4.1)
$$

其中，citywill表示永久迁移意愿（长期居住意愿或户籍转换意愿），stable表示就业稳定性，income表示工资收入，insurance表示社会保障，X表示影响永久迁移意愿的其他控制变量。第一个模型不包含工资收入和社会保障变量，stable前的系数α_1体现了就业稳定性对农民工永久迁移意愿的总影响，第二个模型包含工资收入和社会保障变量，stable前的系数β_1体现了就业稳定性对农民工永久迁移意愿的直接影响。如果本章提出的假说1和假说2成立，α_1、β_1、β_2和β_3应为正值，α_1要大于β_1，$\alpha_1-\beta_1$表示就业稳定性通过工资收入和社会保障对永久迁移意愿的间接影响。结合调查数据提供的信息，income采用农民工的月工资收入度量，insurance采用农民工是否参加城镇职工医疗保险（以下简称“医疗保险参保”）度量。X包含了农民工的个人和家庭特征、就业的单位类型和行业等变量。

表5-3给出了变量的统计描述。与2016年相比，2017年农民工的稳定就业比增加了1.1个百分点，就业稳定性有所增强，月工资收入增加335元，城镇职工医疗保险参保率增加6.9个百分点。对比来看，稳定就业农民工的月工资收入和医疗保险参保率明显高于非稳定就业农民工，说明就业稳定性增加了农民工的月工资收入和社会保障的获得。从其他变量来看，两类农民工的差异也较为明显，稳定就业农民工平均年龄要更低、教育水平更高，具有更高的跨省迁移比例。由于稳定就业农民工的年龄更低，从而已婚和配偶随迁的比例较低，随迁子女的数量也较少。稳定就业农民工拥有自住房、租住公（廉）租房以及单位或雇主向其提供住房的比例略高于非稳定就业农民工，非稳定就业农民工租住私房的比例更高，主要是因为非稳定就业农民工配偶随迁的比例较高。从就业的部门和行业来看，稳定就业农民工在制造业就业的比例较高，在国有部门、私营企业和外资企业就业的比例更高。

由于稳定就业农民工和非稳定就业农民工特征差异明显，这可能导致式（5.4.1）的线性模型设定存在偏误，为此，进一步采用倾向分匹配方法对两类农民工进行一对一匹配，采用匹配后的样本再进行普通最小二乘回归，观察就业稳定变量系数估计的变化。匹配的倾向分根据Probit模型得到。

表5-3 变量的统计描述

变量	2016年				2017年			
	全部	稳定就业	非稳定就业	均值差异	全部	稳定就业	非稳定就业	均值差异
就业稳定性	0.586	——	——	——	0.597	——	——	——
月工资收入（千元）	3.198	3.347	2.988	0.359***	3.533	3.699	3.287	0.412***
医疗保险参保	0.242	0.383	0.043	0.340***	0.311	0.478	0.065	0.413***
年龄	33.917	33.215	34.910	-1.695***	34.686	33.563	36.348	-2.785***
小学或以下	0.141	0.105	0.191	-0.086***	0.163	0.114	0.237	-0.123***
初中	0.498	0.455	0.558	-0.103***	0.465	0.422	0.528	-0.106***
高中或中专	0.231	0.259	0.192	0.067***	0.224	0.257	0.175	0.082***
大专或以上	0.131	0.181	0.059	0.122***	0.149	0.208	0.060	0.148***
跨省	0.513	0.532	0.486	0.046***	0.513	0.533	0.483	0.050***
省内跨市	0.330	0.327	0.335	-0.009**	0.322	0.320	0.325	-0.005
市内跨县	0.157	0.141	0.178	-0.037***	0.165	0.147	0.192	-0.045***
已婚	0.717	0.713	0.724	-0.011***	0.733	0.716	0.759	-0.043***
配偶随迁	0.590	0.576	0.610	-0.034***	0.590	0.563	0.630	-0.067***
迁移地子女数	0.500	0.467	0.548	-0.081***	0.529	0.481	0.600	-0.119***
户籍地子女数	0.371	0.374	0.367	0.007	0.369	0.379	0.355	0.024***
自有住房	0.153	0.156	0.149	0.007**	0.173	0.174	0.172	0.002
公租房/廉租房	0.008	0.009	0.008	0.001	0.013	0.016	0.007	0.009***
租住私房	0.581	0.544	0.632	-0.088***	0.573	0.527	0.642	-0.115***
单位/雇主房	0.235	0.270	0.185	0.085***	0.207	0.254	0.139	0.115***
其他住房	0.023	0.022	0.025	-0.003***	0.034	0.029	0.040	-0.011***
制造	0.318	0.386	0.222	0.164***	0.377	0.456	0.260	0.196***
建筑	0.101	0.064	0.154	-0.090***	0.108	0.063	0.174	-0.111***
批发零售住宿餐饮	0.221	0.184	0.273	-0.089***	0.192	0.164	0.234	-0.070***
居民服务	0.139	0.113	0.176	-0.063***	0.113	0.092	0.145	-0.053***
其他行业	0.221	0.253	0.176	0.077***	0.210	0.225	0.187	0.039***
个体	0.217	0.126	0.347	-0.221***	0.202	0.122	0.320	-0.198***
国有部门	0.103	0.131	0.063	0.068***	0.101	0.141	0.041	0.100***
私营企业	0.483	0.522	0.428	0.094***	0.456	0.505	0.385	0.120***
外资企业	0.063	0.102	0.009	0.093***	0.072	0.115	0.007	0.108***
其他部门	0.100	0.072	0.138	-0.066***	0.169	0.117	0.248	-0.131***

注：***、**、*分别表示变量的系数在1%、5%和10%的水平上显著。

5.4.2 就业稳定性对永久迁移意愿影响的回归结果

1）就业稳定性对永久迁移意愿影响的OLS回归结果

表5-4给出了长期居住意愿和户籍转换意愿影响因素的OLS回归结果。在不包括月工资收入和医疗保险参保的情况下，就业稳定性对长期居住意愿和户籍转换意愿存在显著的影响。在包含了月工资收入和医疗保险参保的回归中，月工资收入和医疗保险参保对长期居住意愿和户籍转换意愿都具有显著的正向影响，就业稳定性对长期居住意愿和户籍转换意愿的影响程度下降，但依然显著。从其他影响因素来看，农民工的长期居住意愿和户籍转换意愿随着年龄的增长呈现先增后减的倒U趋势，年龄较大的农民工在城市工作的主要目的是赚取更高的月工资收入，长期居住意愿和户籍转换意愿都并不强烈，年龄较小的农民工在城市生活的时间不长，未来工作和生活存在较大的不确定性，长期居住意愿和户籍转换意愿也不强烈。教育水平对长期居住意愿和户籍转换意愿具有正向影响，说明教育水平越高的农民工学习新知识、接受新事物的能力越强，越能适应城市的工作生活，永久迁移意愿也越强烈。与跨省迁移的农民工相比，省内迁移农民工的长期居住意愿和户籍转换意愿更强烈，并且市内跨县迁移农民工的长期居住意愿最强烈，省内跨市迁移农民工的户籍转换意愿最强烈。已婚农民工的长期居住意愿较强，户籍转换意愿较弱，但在配偶随迁和随迁子女数量增加的情况下，户籍转换意愿明显增强，未随迁子女数量的增加则降低了长期居住意愿和户籍转换意愿。从住户类型来看，较明确的结论是，在迁移地拥有住房或能够租用公(廉）租房增强了农民工的长期居住意愿，租用私人住房增强了户籍转换意愿，在雇主或用工单位提供的地点居住则降低了长期居住意愿。

2）倾向分匹配下就业稳定性对永久迁移意愿影响的回归结果

为避免线性模型设定的偏误，采用一对一倾向分匹配方法进行分析。首先，将就业稳定性作为被解释变量，其他变量作为解释变量进行Probit回归，预测每个农民工稳定就业的概率，并将其作为匹配的倾向分。其次，考虑到稳定就业农民工的占比高于非稳定就业农民工，在匹配过程中将非稳定就业农民工作为处理组，稳定就业农民工作为控制

表5-4 **长期居住意愿和户籍转换意愿影响因素的OLS回归结果**

变量	2016年				2017年			
	长期居住意愿		户籍转换意愿		长期居住意愿		户籍转换意愿	
就业稳定性	0.037***	0.012***	0.034***	0.019***	0.037***	0.010**	0.028***	0.013***
月工资收入	—	0.013***	—	0.006***	—	0.008***	—	0.004**
医疗保险参保	—	0.099***	—	0.062***	—	0.102***	—	0.056***
年龄	0.015***	0.012***	0.006***	0.004***	0.013***	0.010***	0.009***	0.008***
年龄平方	−0.000***	−0.000***	−0.000***	−0.000***	−0.000***	−0.000***	−0.000***	−0.000***
初中	0.023***	0.014**	0.010*	0.006	0.035***	0.025***	0.038***	0.033***
高中或中专	0.073***	0.055***	0.067***	0.056***	0.096***	0.076***	0.090***	0.079***
大专或以上	0.161***	0.125***	0.128***	0.108***	0.172***	0.133***	0.146***	0.125***
省内跨市	0.065***	0.061***	0.051***	0.049***	0.068***	0.065***	0.069***	0.068***
市内跨县	0.090***	0.091***	0.001	0.001	0.081***	0.082***	0.014**	0.014**
已婚	0.025***	0.020**	−0.030***	−0.032***	0.074***	0.069***	−0.01	−0.013*
配偶随迁	0.083***	0.084***	0.054***	0.054***	0.005	0.006	0.016***	0.017***
随迁子女数	0.068***	0.066***	0.037***	0.036***	0.057***	0.056***	0.019***	0.019***
未随迁子女数	−0.032***	−0.030***	−0.024***	−0.023***	−0.027***	−0.024***	−0.022***	−0.021***
自有住房	0.327***	0.316***	0.106***	0.100***	0.312***	0.301***	0.013	0.007
公租房/廉租房	0.247***	0.247***	0.079***	0.079***	0.077***	0.076***	0.002	0.001
租住私房	0.027**	0.028**	0.040***	0.040***	−0.013	−0.014	0.036***	0.036***
单位/雇主房	−0.057***	−0.055***	−0.019	−0.017	−0.069***	−0.069***	−0.043***	−0.043***
常数项	0.068**	0.063**	0.359***	0.358***	−0.115***	−0.105***	0.306***	0.312***
调整 R^2	0.203	0.209	0.126	0.128	0.209	0.216	0.086	0.088

注：回归中控制单位类型、行业和省份变量；***、**、*分别表示变量的系数在1%、5%和10%的水平上显著。

组，采用可放回的最近邻匹配方法进行一对一匹配。最后，再采用匹配后的样本进行普通最小二乘回归。表5-5给出了处理组和控制组的匹配程度。可以发现，在匹配后度量整体匹配程度的指标明显改善，Pseudo R^2、变量偏差的均值和中位数明显下降，Rubin'B下降至合理值之下，匹配变量方差比处于非合理区间的比例也明显下降。

表5-5　　　　处理组与控制组的匹配程度

指标	2016年				2017年			
	匹配过程1		匹配过程2		匹配过程1		匹配过程2	
	匹配前	匹配后	匹配前	匹配后	匹配前	匹配后	匹配前	匹配后
Pseudo R^2	0.164	0.003	0.23	0.003	0.208	0.004	0.276	0.003
MeanBias	11.2	1.7	12.8	1.2	12.6	1.8	14.6	1.2
MedBias	7.6	1.3	7.8	1	8.8	1.2	8.9	0.9
Rubins'B	101.8*	13.5	123.5*	11.9	116.7*	15.6	139.4*	13.4
%concern	47	2	43	2	36	0	36	0
%bad	11	0	14	0	21	0	20	0

注：为分析就业稳定性对长期居住意愿、户籍转换意愿的间接影响和直接影响，匹配过程1不包含月工资收入和医疗保险参保变量，匹配过程2包含月工资收入和医疗保险参保变量。Rubins'B的合理值是小于25，%concern表示匹配前后方差比处于［0.5，0.8）或者（1.25，2］的变量占比，%bad表示匹配前后方差比小于0.5或大于2的变量占比。

表5-6给出了基于匹配后样本的农民工长期居住意愿和户籍转换意愿影响因素的回归结果。可以发现，在包含月工资收入和医疗保险参保后，就业稳定性的系数明显下降，并且只对2016年的户籍转换意愿具有显著影响，月工资收入和医疗保险参保的系数都为正值，这一结论与非匹配样本普通最小二乘的回归结果一致，其他变量对长期居住意愿和户籍转换意愿的影响趋势也与非匹配样本普通最小二乘的回归结果基本相同。

表5-6 基于匹配后样本的长期居住意愿和户籍转换意愿影响因素的回归结果

变量	2016年				2017年			
	长期居住意愿			户籍转换意愿	长期居住意愿		户籍转换意愿	
就业稳定性	0.029***	0.000	0.029***	0.014***	0.025***	0.005	0.015***	0.006
月工资收入	—	0.013***	—	0.002	—	0.007***	—	0.003*
医疗保险参保	—	0.112***	—	0.087***	—	0.109***	—	0.062***
年龄	0.012***	0.004**	0.003*	0.000	0.012***	0.008***	0.011***	0.007***
年龄平方	−0.000***	−0.000**	0.000	0.000	−0.000***	−0.000***	−0.000***	−0.000***
初中	0.021***	0.020***	0.016***	0.002	0.036***	0.022***	0.044***	0.041***
高中或中专	0.058***	0.041***	0.058***	0.039***	0.084***	0.060***	0.082***	0.089***
大专或以上	0.132***	0.110***	0.110***	0.069***	0.168***	0.119***	0.151***	0.134***
省内跨市	0.060***	0.048***	0.051***	0.046***	0.061***	0.047***	0.052***	0.058***
市内跨县	0.083***	0.076***	−0.007	0.000	0.069***	0.060***	−0.007	0.007
已婚	−0.008	0.005	−0.052***	−0.035***	0.052***	0.039***	−0.042***	−0.052***
配偶随迁	0.108***	0.108***	0.061***	0.063***	0.011*	0.017***	0.020***	0.026***
随迁子女数	0.069***	0.065***	0.040***	0.035***	0.053***	0.062***	0.014***	0.016***
未随迁子女数	−0.025***	−0.030***	−0.013***	−0.011***	−0.030***	−0.024***	−0.024***	−0.016***
自有住房	0.340***	0.380***	0.082***	0.071***	0.312***	0.306***	0.012	0.003
公租房/廉租房	0.213***	0.269***	0.090***	0.003	0.119***	0.078***	0.072**	0.018
租住私房	0.012	0.056***	0.021*	0.012	−0.011	−0.004	0.037***	0.039***
单位/雇主房	−0.080***	−0.035**	−0.036***	−0.044***	−0.066***	−0.058***	−0.044***	−0.027**
常数项	0.132***	0.173***	0.406***	0.482***	−0.063**	0.004	0.270***	0.345***
调整 R^2	0.191	0.2	0.093	0.1	0.179	0.181	0.066	0.066

注：回归中控制单位类型、行业和省份变量；***、**、*分别表示变量的系数在1%、5%和10%的水平上显著。

3）内生性问题的讨论

内生性来源于三个方面。一是，遗漏重要的解释变量。尽管依据数据提供的信息已经在回归方程中加入了个人和家庭特征、单位类型、行业类型以及地区因素等控制变量，但仍然可能遗漏既影响长期居住意愿和户籍转换意愿又影响就业稳定性的变量。二是，反向影响问题，即长期居住意愿和户籍转换意愿对就业稳定性可能存在反向影响。从理论上来看，那些具有强烈长期居住意愿和户籍转换意愿的农民工，更可能努力工作，获得稳定的就业。三是，解释变量的度量误差，即就业稳定性的度量误差问题。对于前两个方面因素导致的内生性问题，较为理想的解决方法是工具变量法，需要寻找到只影响就业稳定性，但不影响长期居住意愿和户籍转换意愿的变量作为工具变量。长期居住意愿和户籍转换意愿都是个体层面的变量，个体层面的其他变量或多或少对二者产生影响，因此很难从个体层面上寻找到合适的工具变量。在宏观层面上，对农民工就业稳定性具有影响的变量通常也会影响到长期居住意愿和户籍转换意愿，比如，不同的宏观环境会改变农民工的生活成本，进而间接影响长期居住意愿和户籍转换意愿，而数据中又没有关于农民工生活成本方面的信息，无法在回归方程中加入该类信息进行控制。此外，农民工对居住地的宏观环境也会有所感知，并据此作出是否长期居住和户籍转换的判断，因此，宏观经济环境也会直接影响长期居住和户籍转换意愿。无论是从个体层面还是宏观层面，理想的工具变量都较难确定。考虑到只是出于稳健性检验的目的，本章构建区（县）稳定就业比这一指标作为工具变量，由区（县）中获得稳定就业的农民工数量除以全部农民工数量得到，该指标会直接影响农民工获得稳定就业的可能性，同时，由于该指标属于宏观层面指标，对农民工的长期居住意愿和户籍转换意愿会产生一定的影响，严格来讲并不符合工具变量的要求，但考虑该指标并不容易被农民工所直接感知，对长期居住意愿和户籍转换意愿的影响程度可能会较小，基于这样的考虑，本章将其作为工具变量进行内生性的稳健性检验。

表5-7给出了基于匹配前样本两阶段最小二乘法的估计结果。可以发现，在不包含月工资收入和医疗保险参保的情况下，就业稳定性除对

2017年的长期居住意愿无显著影响外，对2016年的长期居住意愿和两个年份的户籍转换意愿都存在显著的正向影响。在包含了收入和医疗保险后，就业稳定性对长期居住意愿和户籍转换意愿的直接影响程度下降，并且对2016年和2017年长期居住意愿的直接影响变得不再显著，但对两个年份的户籍转换意愿影响显著。月工资收入和医疗保险参保对长期居住意愿和户籍转换意愿的影响依然显著。

表5-7 **基于匹配前样本两阶段最小二乘法的估计结果**

变量	2016年				2017年			
	长期居住意愿		户籍转换意愿		长期居住意愿		户籍转换意愿	
就业稳定性	0.036***	0.012	0.040***	0.025**	0.019	−0.023	0.073***	0.057***
月工资收入	—	0.013***	—	0.006***	—	0.008***	—	0.003*
医疗保险参保	—	0.100***	—	0.060***	—	0.112***	—	0.042***
其他控制变量	是	是	是	是	是	是	是	是
常数项	0.068**	0.063**	0.357***	0.356***	−0.110***	−0.094***	0.292***	0.298***
调整 R^2	0.203	0.209	0.126	0.128	0.209	0.216	0.085	0.087

注：***、**、*分别表示变量的系数在1%、5%和10%的水平上显著。

表5-8给出了基于匹配后样本两阶段最小二乘法的估计结果。可以发现，在不包含月工资收入和医疗保险参保的情况下，就业稳定性对两个年份的长期居住意愿和户籍转换意愿都具有显著性影响。在包含了月工资收入和医疗保险参保后，就业稳定性只对2016年的长期居住意愿影响不显著。从月工资收入和医疗保险参保变量来看，只有2016年的月工资收入对户籍转换意愿影响不显著。

就业稳定性的度量误差会产生内生性问题从而使系数的估计结果出现偏误，而长期居住意愿和户籍转换意愿的度量误差不会产生内生性偏误，仅影响估计的效率。尽管如此，本章依然从长期居住意愿和户籍转换意愿两个被解释变量的度量误差以及解释变量就业稳定性的度量误差两个方面进行检验。首先，依据2017年调查关于居住意愿和户籍转换

表5-8　　基于匹配后样本两阶段最小二乘法的估计结果

变量	2016年				2017年			
	长期居住意愿		户籍转换意愿		长期居住意愿		户籍转换意愿	
就业稳定性	0.028**	0.015	0.027***	0.027***	0.035***	0.034***	0.059***	0.081***
月工资收入	—	0.014***	—	0.002	—	0.007***	—	0.003*
医疗保险参保	—	0.117***	—	0.082***	—	0.109***	—	0.063***
其他控制变量	是	是	是	是	是	是	是	是
常数项	0.133***	0.117***	0.406***	0.457***	−0.065**	−0.005	0.260***	0.321***
调整 R^2	0.191	0.197	0.093	0.097	0.179	0.18	0.064	0.06

注：***、**、*分别表示变量的系数在1%、5%和10%的水平上显著。

意愿回答选项的多样性，将长期居住意愿和户籍转换意愿重新设定为多元选择形式。具体来看，调查问题“如果您符合本地落户条件，是否愿意把户口迁入本地?”的回答选项包含“愿意”“不愿意”“没想好”，依据这三个选项将户籍转换意愿变量的取值分别设为“3”、“1”和“2”。结合“今后一段时间，您是否打算继续留在本地?”和“如果您打算留在本地，您预计自己将在本地留多久?”这两个问题的回答选项，重新设定长期居住意愿变量的取值，如果第一个问题的回答选项为“否”和“没想好”，长居意愿变量赋值为“1”和“2”，如果对第一问题的回答为“是”，对第二个问题的回答为“1~2年”、“3~5年”和“没想好”，长期居住意愿变量赋值为3，而回答为“6~10年”、“10年以上”和“定居”，长期居住意愿变量赋值为4。

在稳定就业的界定上，进一步考虑稳定就业内部的差别。本章将农民工与用工企业签订“无固定期限”和“有固定期限”劳动合同界定为稳定就业。依据《劳动合同法》，无固定期限劳动合同是指用人单位与劳动者约定无确定终止时间的劳动合同，如果农民工与用工企业签订无固定期限劳动合同，说明用工企业和农民工之间具有长期维持雇佣关系的意愿，因此无固定期限劳动合同所体现的就业稳定性要强于有固定期限劳动合同。但在实际调查中，农民工可能将无固定期限的劳动合同理解为没有约定服务期限的临时合同，从而使就业稳定性产生度量偏差。为此，在样本中去掉劳动合同类型为“无固定期限”的农民工，重新进行分析。

表5-9给出了变量重新界定后的回归结果。可以发现，无论是基于匹配前样本还是匹配后样本的回归结果，就业稳定性对长期居住意愿和户籍转换意愿都具有显著的影响，在控制了月工资收入和医疗保险参保后，就业稳定性所产生的正向效应有所下降，但依然显著。从月工资收入和医疗保险参保变量的系数来看，只有收入对两个年份的户籍转换意愿影响不显著。

表5-9 **变量重新界定后的回归结果**

变量	匹配前样本的OLS				匹配后样本的OLS			
	长期居住意愿		户籍转换意愿		长期居住意愿		户籍转换意愿	
就业稳定性	0.094***	0.043***	0.060***	0.029***	0.083***	0.051***	0.068***	0.049***
月工资收入	—	0.018***	—	0.000	—	0.023***	—	0.002
医疗保险参保	—	0.151***	—	0.100***	—	0.137***	—	0.097***
其他控制变量	是	是	是	是	是	是	是	是
常数项	2.393***	2.399***	1.931***	1.949***	2.549***	2.498***	1.862***	1.768***
调整 R^2	0.159	0.165	0.091	0.093	0.144	0.149	0.072	0.08

注：***、**、*分别表示变量的系数在1%、5%和10%的水平上显著。

将普通最小二乘的估计结果、匹配后普通最小二乘的估计结果，以及内生性检验的结果综合来看，可以判断，就业稳定性对农民工永久迁移意愿具有两种途径的影响：一种途径是通过增加月工资收入和医疗保险参保的间接影响，另一种途径是直接影响，本章提出的假说1和假说2得以验证。

5.4.3 就业稳定性对不同特征农民工永久迁移意愿影响的差异

为分析就业稳定性对农民工永久迁移意愿影响的代际差异，将

1980年之前出生的农民工划为老一代，1980年（包括1980年）出生的农民工划为新生代，进行分样本回归。表5-10给出了就业稳定性对长期居住意愿和户籍转换意愿影响的代际差异。可以发现，无论是采用2016年的数据还是2017年的数据，在考虑了月工资收入和医疗保险参保的参与后，就业稳定性对新生代农民工长期居住意愿和户籍转换意愿的直接影响都显著，对老一代农民工的长期居住意愿和户籍转换意愿的直接影响都不显著，因此，本章提出的假说3被证实。

表5-10　　就业稳定性对长期居住意愿和户籍转换意愿影响的代际差异

变量	长期居住意愿（2016年）		户籍转换意愿（2016年）		长期居住意愿（2017年）		户籍转换意愿（2017年）	
	新生代	老一代	新生代	老一代	新生代	老一代	新生代	老一代
就业稳定性	0.024***	-0.004	0.036***	-0.004	0.019***	-0.003	0.025***	-0.005
月工资收入	0.018***	0.011***	0.009***	0.004	0.010***	0.005**	0.006***	0
医疗保险参保	0.087***	0.127***	0.055***	0.075***	0.090***	0.130***	0.055***	0.061***
其他控制变量	是	是	是	是	是	是	是	是
常数项	0.238***	0.318***	0.422***	0.501***	0.051**	0.239***	0.409***	0.610***
调整 R^2	0.213	0.206	0.124	0.142	0.24	0.184	0.087	0.094

注：***、**、*分别表示变量的系数在1%、5%和10%的水平上显著。

为分析就业稳定性对不同教育水平农民工永久迁移意愿的影响差异，将教育水平为初中或未上过学的农民工划为低教育水平农民工，而将教育水平为高中或以上的农民工划为高教育水平农民工，分样本进行回归。表5-11给出了就业稳定性对不同教育水平农民工长期居住意愿和户籍转换意愿影响的差异。可以发现，无论采用2016年还是2017年的数据，就业稳定性对高教育水平农民工长期居住意愿和户籍转换意愿的直接影响都显著，仅在2017年对低教育水平农民工户籍转换意愿的影响显著。对比来看，就业稳定性对高教育水平农民工长期居住意愿和户籍转换意愿的影响都要大于对低教育水平农民工的影响，因此，本章提出的假说4也被证实。

表5-11 就业稳定性对不同教育水平农民工长期居住意愿和户籍转换意愿影响的差异

变量	长期居住意愿（2016年）		户籍转换意愿（2016年）		长期居住意愿（2017年）		户籍转换意愿（2017年）	
	高教育水平	低教育水平	高教育水平	低教育水平	高教育水平	低教育水平	高教育水平	低教育水平
就业稳定性	0.039***	0.002	0.054***	0.006	0.024***	0.006	0.018**	0.012**
月工资收入	0.017***	0.013***	0.012***	0.004**	0.011***	0.007***	0.007***	0.003
医疗保险参保	0.090***	0.114***	0.053***	0.074***	0.103***	0.106***	0.051***	0.067***
其他控制变量	是	是	是	是	是	是	是	是
常数项	0.005	0.098***	0.315***	0.395***	−0.182***	−0.007	0.313***	0.376***
调整 R^2	0.21	0.197	0.122	0.121	0.236	0.184	0.093	0.078

注：***、**、*分别表示变量的系数在1%、5%和10%的水平上显著。

5.5 本章的基本结论与启示

本章基于国家卫生健康委流动人口动态监测调查2016年和2017年的全国性调查数据，以是否签订“有固定期限”或“无固定期限”劳动合同衡量就业稳定性，分析了就业稳定性对农民工永久迁移意愿的影响。研究基本结论如下：一是，就业稳定性除能够增加农民工的月工资收入和医疗保险参保对永久迁移意愿产生间接影响外，其本身所体现的更高的持久收入和更多的人力资本投资机会对永久迁移意愿也具有直接影响。二是，就业稳定性对永久迁移意愿的直接影响具有异质性，相较于老一代农民工，新生代农民工具有更为强烈的长期居住意愿和户籍转换意愿，从而使就业稳定性所产生的直接影响在新生代农民工中更加明显；相较于低教育水平农民工，高教育水平农民工在就业稳定的情形下持久收入水平要更高，从而使就业稳定性所产生的直接影响在高教育水平农民工中更加明显。

本章的结论表明，就业稳定性在农民工永久迁移中能够发挥重要的作用，特别是在高教育水平的新生代农民工中作用更为明显。稳定的雇佣关系不仅能够保障农民工的就业权益，而且能够保证专业人力资本投资收益的实现，在这种情况下，用工企业会有更强的动力对农民工开展专业技能培训，农民工也更愿意参加专业技能培训。人力资本水平的提升不仅能够增加农民工的当期收入，提升社会保障水平，而且能够强化农民工的持久收入预期，对农民工永久迁移意愿产生促进作用。基于此，一方面，政府应继续在农民工特别是新生代农民工中加强《劳动合同法》的宣传和实施力度，提升劳动合同的签订率，在保障农民工就业权益的同时，促使用工企业和农民工之间形成稳定的雇佣关系；另一方面，应继续加大对农民工教育投入的力度，提升农民工的人力资本水平，包括增加农村地区基础教育的投入、鼓励并引导社会资本开展中等职业教育、创新职业技能培训项目的开展形式等。各种措施共同发力，帮助农民工突破人力资本瓶颈，稳定用工企业和农民工之间的雇佣关系，使就业稳定性在农民工永久迁移中发挥更大的作用，促进城镇化的有序健康发展。

6 农民工的就业稳定性对消费的影响

在没有任何限制的情况下，具有永久迁移意愿的农民工都会向市民实现转变，因此可以将农民工永久迁移意愿看作市民化程度的上限，增强农民工永久迁移意愿，即可提升市民化程度的上限。然而，农民工能否真正实现身份转换，还受到身份转换能力的制约，那些具有较强迁移意愿并且在城市具有较强生活能力的农民工更倾向增加在流入城市的消费，从而更好地感受当地的生活，最终实现身份的转换。因此，本章将分析的焦点转向农民工身份转换过程中的能力方面——消费。农民工消费的一个典型事实是，其在城镇的消费支出与城镇本地居民相比存在较大的差距（Chen等，2015；王美艳，2016）。破解农民工的低消费问题，并找到促进农民工消费水平提升的合理机制，不仅能够加快农民工实现市民身份的转变，有序推进城镇化，而且对于新常态下中国经济发展动力向内需拉动型转变具有至关重要的作用。就业稳定性作为农民工就业质量状况衡量的重要维度，在农民工的消费中是否发挥了作用？对不同特征农民工群体消费的影响是否存在差异？本章试图给出这些问题的答案。

6.1 农民工消费问题的研究成果与评论

中国的低消费问题受到了世界范围的关注，众多学者尝试从不同角度解析低消费的成因，包括生命周期（Modigliani和Cao，2004）、流动性约束（Aziz和Cui，2007；Kuijs，2005）、预防性储蓄（Blanchard和Giavazzi，2005；Chamon和Prasad，2010）以及户籍因素（蔡昉，2011；Chen等，2015；王美艳，2016；Meng，2016）等。

结合中国劳动力市场的现实背景，户籍因素所导致的流动人口低消费问题受到了更多的关注。这类研究对比了农民工和城镇本地居民消费行为的差异，所得到的结论是：如果取消以户籍制度界定的身份属性，农民工的消费将会出现较大幅度的增长。比如，Chen等（2015）通过对流动人口与城镇本地居民消费行为差异的分析，发现流动人口比城镇本地居民消费低16%~20%，尽管他们关于流动人口的界定既包括乡城流动人口也包括城城流动人口，但城城流动人口在分析中所占的比重不大，因此消费行为的差异应主要是由农民工的低消费引起的。王美艳（2016）发现如果农民工转换为城市居民身份，按照城市居民的消费模式进行消费，但其禀赋特征保持不变，其人均总消费将大幅度增长27%，与城市居民消费水平基本相当。王韬和毛建新（2015）分析了农民工家庭与城镇本地家庭消费的分布差异，发现在消费分布的不同分位点上，农民工家庭的消费弹性都要高于城镇本地家庭。Meng（2016）尽管没有分析户籍制度本身，却将分析的焦点集中在由户籍制度所体现的更加广泛的城乡分割上，研究表明约束农民工永久定居城镇的分割制度是制约农民工消费的主要原因。

除户籍身份外，从农民工群体内部挖掘消费的主要影响因素是研究开展的另外一个脉络。以生命周期理论为基础，冯虹和李晨曦（2016）从长期收入和短期收入的角度发现农民工的消费呈现“过度敏感性”和“过度平滑性”的特点。以预防性动机理论为基础，卢海阳（2014）以及汪润泉和赵彤（2018）从社会保险的角度分析了农民工的消费行为，前者关注于进城农民工在城镇参加的各类社会保险、在农村参加的新型农村合作医疗保险和新型农村社会养老保险对农民工家庭消费的影响，后者则关注城镇职工养老保险对农民工城市消费的影响，两项研究均认为保险对农民工消费的影响存在群体性差异。以相对收入理论为基础，王湘红和陈坚（2016）从社会比较角度，考察农民工相较于城市居民和农村居民的相对收入对家庭消费的影响，发现相对收入低的家庭消费率更高，而不平等程度的增加显著降低了农民工的家庭消费率。以缓冲存货理论为基础，钱文荣和李宝值（2013）分析了农民工收入不确定性和支出不确定性对消费的影响，认为释放农民工消费潜力应该降低农民工收入的不确定性。除对农民工整体的消费行为进行考察外，一些研究对农民工某一具体消费的行为进行了分析，比如集体消费（周林刚，2007）、手机购买（华豫民，2010）、春节消费（梁库等，2014）以及发展型消费（金晓彤，2016）等。

农民工群体是异质性较强的群体，因此消费的异质性是分析中必不可少的视角。这类研究主要集中于新生代农民工和老一代农民工消费行为的比较上。申鹏和凌玲（2014）认为老一代农民工的消费属于农村传统温饱型消费，而新生代农民工则具备向城市消费方式转变的特征。王美艳（2017）将新生代农民工与老一代农民工的消费水平和消费结构进行了对比分析，发现新生代农民工的消费水平、消费弹性以及衣食住行的消费占比都要高于老一代农民工，但教育支出占比要低于老一代农民工。由于新生代农民工在生命历程的较早时期就离开农村，生活和工作习惯更接近于城镇本地居民，因此消费高于老一代农民工就不足为奇了。

已有研究在解释农民工低消费现象上提供了不同的视角，但这些研究却忽略了农民工就业稳定性差这一典型事实。现有研究主要关心就业稳定性对农民工工资的影响，并没有将分析进一步延伸到农民工消费领域。无论消费的绝对收入理论还是相对收入理论都明确了收入在促进消费上的作用，如果提升农民工的就业稳定性能够增加农民工的收入，那么就业稳定性增加收入进而促进消费的路径就十分清晰。人力资本理论认为，用工企业基于利润最大化的考虑，更有动力对雇佣关系稳定的劳动力进行专业人力资本投资，并且专业人力资本投资收益由用工企业和劳动力共享，因此就业稳定性能够促进劳动力工资水平的增长。效率工资理论认为出于监督成本和劳动生产率的考虑，用工企业会为一级劳动力市场的劳动力提供高于市场均衡水平的效率工资。相较于非稳定就业的农民工，稳定就业的农民工更容易获得专业人力资本投资的机会，企业也更愿意为其提供较高的效率工资，因此工资水平要更高。已有研究证实了就业稳定性在促进农民工工资增长中的作用（黄乾，2009；周闯等，2017）。因此，就业稳定性通过收入促进消费增加的间接效应较为明确。基于此，本章不再讨论就业稳定性通过收入促进消费的间接路径，而是把分析的焦点聚集于就业稳定性对农民工消费的直接影响上。本章基于2014年流动人口动态监测社会融合专题调查数据分析就业稳定性对农民工消费的直接影响，并分析这种影响在不同特征农民工群体中的差异，以期能够为理解农民工的低消费现象提供新的视角，也能够为增加农民工消费，促使其实现身份转换，进而提升城镇化水平的政策制定提供新的建议。

6.2 就业稳定性与消费的统计分析

本章所采用的数据来自国家卫生健康委流动人口数据平台提供的2014年流动人口动态监测社会融合专题调查数据库，该年份的数据相较于其他年份的调查提供了更为详细的消费细节信息，可以进一步对消费结构进行考察。调查对象所处地区为广东省中山市、福建省厦门市、浙江省嘉兴市、北京市辖区、四川省成都市、广东省深圳市、河南省郑州市、山东省青岛市。由于分析的对象是农民工群体，因此将调查对象界定为户口性质是农业户口、流入原因是务工经商并且调查时前一周有工作的流动人口。调查对农民工的就业身份进行了区分，分为雇员、雇主、自营劳动者和家庭帮工四类，考虑到受雇农民工和自雇农民工在就业和生活等方面的一系列差异，进一步将分析的对象界定为就业身份为雇员的农民工，去除数据缺失和异常值的个体，最终得到的样本数量为8 008。

分析的被解释变量是农民工家庭人均消费支出和家庭消费率。家庭人均消费支出由农民工在流入地的家庭月均消费支出除以流入地的家庭人口数得到，家庭消费率由农民工在流入地的家庭月平均消费支出除以家庭月均收入得到。核心解释变量就业稳定性，依然采用劳动合同类型加以界定，将“有固定期限”和“无固定期限”两类合同类型的就业界定为稳定就业，其他类型就业界定为非稳定就业。表6-1给出了农民工的消费和收入状况。从全部样本来看，农民工的家庭人均消费支出为1 235.86元，家庭人均收入为2 657.28元，家庭消费率为49.2%，对比来看，稳定就业农民工占全部农民工的比例为65.07%，在人均消费支出、人均收入和家庭消费率上，稳定就业农民工比非稳定就业农民工分别高69.76元，298.25元和1.9个百分点。

表6-1 **农民工的消费和收入状况**

变量	全部	稳定就业	非稳定就业	均值差异
家庭月均消费支出（元）	2 177.21（1 067.85）	2 229.58（1 080.41）	2 079.63（1 037.19）	149.95***
家庭月均收入（元）	4 708.69（2 078.11）	4 883.33（2 066.70）	4 383.31（2 060.45）	500.02***
家庭消费率	0.492（0.247）	0.504（0.269）	0.485（0.197）	0.019***
流入地人口数	2.01（1.09）	2.02（1.08）	2.00（1.10）	0.02
家庭人均消费支出（元）	1 235.86（646.40）	1 260.23（658.89）	1 190.47（620.01）	69.76***
家庭人均收入（元）	2 657.28（1 171.53）	2 761.45（1 205.04）	2 463.20（1 080.12）	298.25***
样本数	8 008	5 211	2 797	—

注：括号内为标准差；***表示均值差异在1%的水平下显著。

从统计结果来看，就业稳定性和农民工的消费支出以及消费率之间都存在着正向关系，但这种正向关系是否体现就业稳定性对农民工消费的正向影响？这种影响有多大程度是通过收入产生的间接影响？

多大程度是本身产生的直接影响？统计结果无法给出这些问题的答案。此外，稳定就业和非稳定就业农民工在个人特征、家庭特征、就业状况等方面也存在差异，这些问题都需要通过构建回归模型进一步加以分析。

6.3 就业稳定性对消费影响的回归分析

6.3.1 回归模型的设定与分析策略

参照已有消费问题研究的文献，将消费模型的基本形式设定为：

$$C_i = \alpha + \beta S_i + \lambda' X_i + \varepsilon_i \tag{6.3.1}$$

其中，C_i表示家庭人均消费支出的对数（或者是消费率），S_i表示是否稳定就业的虚拟变量，X_i表示影响家庭消费的可观测因素，其中包含家庭人均收入，ε_i表示影响消费的不可观测因素，由于模型设定中控制了收入对消费的影响，S_i前的系数β体现了除去通过收入的间接影响后的直接影响。在影响消费的可观测因素上，稳定就业和非稳定就业农民工可能会存在明显差异，这种情况下，如果消费函数本身并不是线性形式，那么由普通最小二乘法得到的估计结果必然会出现偏差，因此，实际需要考虑两类农民工的可比性问题。另外一个需要考虑的问题是就业稳定性的内生性问题。由于稳定就业的农民工能够获得更高的收入，那些具有较强消费意愿的农民工更能够通过努力获得稳定的就业，同时，也可能存在既影响农民工消费又影响就业稳定性的不可观测因素，两种情况导致的内生性问题都会使β的估计结果产生偏误。

对于第一个问题，采用倾向分匹配方法对稳定就业农民工和非稳定就业农民工进行一对一匹配，实现样本的平衡，从而避免线性模型的设定偏误。对于第二个问题，采用工具变量方法加以解决。结合数据所提供的信息，选取的第一个工具变量为农民工所在区（县）的稳定就业比。这一指标表示农民工所在区（县）的就业环境以及《劳动合同法》

的执行力度，对农民工是否获得稳定就业具有直接的影响，但对农民工家庭消费产生直接影响的可能性较小，并且由于其属于区域层面的变量，与影响农民工消费不可观测因素相关的可能性也较低。选取的第二个工具变量是农民工是否参加过政府提供的免费培训。农民工参加政府培训后，技能水平会得到提升，更可能获得稳定的就业，这一变量对消费的影响更多地通过就业状况的改善实现，如果在回归方程中对就业状况加以控制，其产生直接影响消费的可能性较小，并且参加政府培训与除就业状况外的其他影响消费的不可观测因素相关的可能性也不高。在工具变量合理的情况下，就业稳定性对消费的影响可以通过两阶段最小二乘法（2SLS）得到：

$$\begin{aligned} &\text{第一阶段：} S_i = a + b'Z_i + c'X_i + \eta_i \\ &\text{第二阶段：} C_i = \alpha + \beta\hat{S}_i + \lambda'X_i + \varepsilon_i \end{aligned} \qquad (6.3.2)$$

其中，Z_i表示工具变量，$\hat{S}_i$为第一阶段普通最小二乘法得到的S_i的估计。消费方程的解释变量X_i除包含家庭人均收入外，还包含个人特征、家庭特征、就业状况以及地区因素。

表6-2给出了变量的统计描述。可以看出，稳定就业农民工和非稳定就业农民工的特征存在明显差异。从个体特征来看，稳定就业农民工具有更高的教育水平，从家庭特征来看，稳定就业农民工的流入地家庭人口数量和户籍地家庭人口数量都要更高，在近距离的市内跨县迁移上具有更高的比例，单位或雇主为其提供住处的比例更高，租住公租房和廉租房的比例以及自购房的比例也要更高。从就业状况来看，稳定就业农民工在制造业具有更高的比例，而非稳定就业农民工则在批发零售住宿餐饮和社会服务业上具有更高的比例，稳定就业农民工更多在国有部门、私营企业和外资企业就业，而非稳定就业农民工则更多集中在个体工商户部门。从工具变量来看，区（县）稳定就业比、政府培训参与的比例在稳定就业和非稳定就业农民工中存在显著差异，说明其对农民工的就业稳定性具有明显的影响，作为工具变量具有合理性。变量的统计结果也表明，稳定就业农民工和非稳定就业农民工的特征差异明显，在消费函数为非线性的情况下，通过匹配方法实现两类农民工特征的平衡具有一定的必要性。

表6-2　　变量的统计描述

变量	全部	稳定就业	非稳定就业	均值差异	变量	全部	稳定就业	非稳定就业	均值差异
年龄	31.09	31.14	30.99	0.15	其他住房	0.01	0.01	0.02	−0.01
小学及以下	0.09	0.08	0.12	−0.04	制造	0.43	0.52	0.28	0.24
初中	0.54	0.51	0.58	−0.07	建筑	0.06	0.03	0.10	−0.07
高中	0.26	0.27	0.23	0.04	批发零售住宿餐饮	0.23	0.18	0.31	−0.13
大学及以上	0.11	0.14	0.07	0.07	社会服务	0.15	0.12	0.20	−0.08
流入地人口	2.01	2.02	2.00	0.02	其他行业	0.14	0.15	0.11	0.04
户籍地人口	0.51	0.53	0.47	0.06	个体工商户	0.23	0.13	0.42	−0.29
市内跨县	0.57	0.59	0.53	0.06	国有部门	0.04	0.05	0.02	0.03
省内跨市	0.40	0.37	0.44	−0.07	私营企业	0.54	0.57	0.47	0.10
跨省	0.04	0.04	0.03	0.01	外资企业	0.10	0.15	0.02	0.13
单位/雇主房	0.28	0.31	0.22	0.09	其他单位	0.07	0.07	0.06	0.01
租住私房	0.65	0.61	0.72	−0.11	区（县）稳定就业比	0.65	0.70	0.57	0.13
公/廉租房	0.01	0.01	0.00	0.01	政府培训参与	0.29	0.31	0.25	0.06
自购房	0.05	0.05	0.03	0.02	样本数	8008	5211	2797	—

注：在均值差异的显著性上，年龄和跨省两个变量的均值差异不显著，其他单位变量的均值差异在5%的水平下显著，其余所有变量的均值差异都在1%的水平下显著。

6.3.2　就业稳定性对消费影响的回归结果

1）基于倾向分匹配的样本平衡

由于稳定就业和非稳定就业农民工消费影响因素的差异明显，采用倾向分匹配方法对两类农民工消费影响因素进行平衡。考虑到稳定就业农民工的占比高于非稳定就业农民工，在匹配过程中将非稳定就业农民工作为处理组，稳定就业农民工作为控制组，采用可放回的最近邻匹配方法进行匹配。表6-3给出了处理组和控制组匹配程度的指标。可以发现，与匹配前相比，匹配后度量整体匹配程度的指标明显改善，Pseudo R2和LR chi2的值明显变小，匹配变量对就业稳定性已经没有解释能力，匹配变量偏差的均值和中位数明显下降，Rubin'B下降明显，匹配变量的方差都接近于1。

表6-3 **处理组和控制组匹配程度的指标**

匹配状态	Ps R2	LR chi2	p>chi2	MeanBias	MedBias	Rubins'B	%concern	%bad
匹配前	0.173	1789.39	0	19.1	16.7	106.4	41	17
匹配后	0.003	22.52	0.757	2.2	1.9	12.7	3	0

注：Rubins'B的合理值是小于25，%concern表示匹配前后方差比处于［0.5，0.8）或者（1.25，2］的变量占比，%bad表示匹配前后方差比小于0.5或大于2的变量占比。

图6-1给出了匹配前后两类农民工倾向分的分布状况。从匹配前后稳定就业农民工与非稳定就业农民工倾向分的分布情况来看，匹配前两类农民工的倾向分的分布差异明显，但匹配后，两类农民工的倾向分的分布基本相同。表6-3和图6-1的结果表明，两类农民工消费的影响因素在匹配后实现了较好的平衡，对匹配后的样本进行最小二乘估计能够得到更为准确的结果。

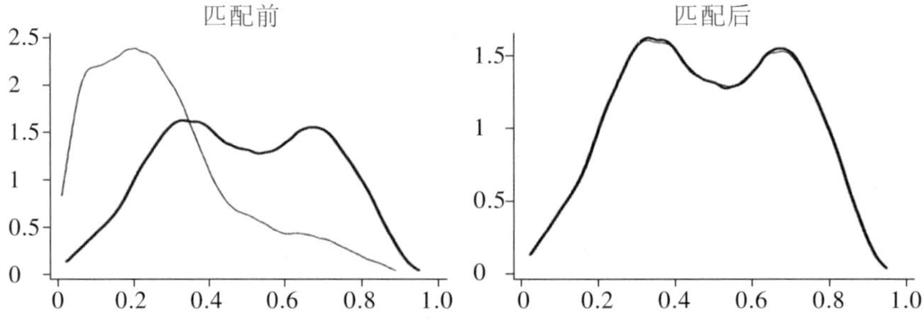

图6-1 匹配前后两类农民工倾向分的分布状况

2）农民工消费方程OLS的回归结果

表6-4分别给出了匹配前和匹配后农民工消费方程OLS的回归结果。从所关注的就业稳定性变量来看，就业稳定性对农民工的家庭人均消费支出和消费率都具有显著的正向影响，并且经过匹配校正可观测因素导致的选择偏差后，就业稳定性对消费的影响程度有所增大。从匹配

后就业稳定性变量的估计结果来看，获得稳定就业会使农民工的家庭人均消费支出增长3.8%，消费率提升2.8个百分点，这一结果是在控制了收入对消费的影响后得到的结果，说明去除通过收入对消费产生的间接影响外，就业稳定性对消费的直接影响也十分明显。就业不稳定的农民工面临更高的收入中断风险，在社会保障水平缺失的情况下，为确保失去工作后的正常生活支出，会增加预防性储蓄，降低消费水平。相反，就业稳定的农民工面临收入中断的风险较低，就业稳定性本身所体现的稳定收入预期能够促进农民工消费水平的增加。

表6-4　　**农民工消费方程OLS的回归结果**

变量	匹配前		匹配后	
	家庭人均消费支出	消费率	家庭人均消费支出	消费率
就业稳定性	0.024**	0.015**	0.038***	0.028**
年龄	−0.003***	−0.000	−0.004***	0.001
初中	0.007	0.014*	−0.020	0.033
高中	0.074***	0.039***	0.057*	0.066**
大学及以上	0.137***	0.070***	0.090**	0.076***
流入地人口	−0.335***	0.066***	−0.324***	0.089***
户籍地人口	−0.062***	−0.008*	−0.055***	0.001
省内跨市	0.031**	0.014*	0.012	0.007
跨省	0.062**	0.015	0.092**	0.023
家庭人均收入	0.453***	−0.289***	0.450***	−0.393***
单位/雇主房	−0.023	−0.015	−0.058	−0.045
租住私房	0.210***	0.094***	0.188***	0.099***
公/廉租房	0.245***	0.072**	0.171	0.019
自购房	0.320***	0.145***	0.301***	0.142***
常数项	3.815***	2.705***	3.805***	3.423***
样本数量	8,008	8,008	4,368	4,368
调整 R^2	0.431	0.259	0.427	0.262

注：回归中控制了行业、单位类型和城市效应；***、**、*分别表示变量的系数在1%、5%和10%的水平上显著。

从其他因素的系数估计来看，家庭人均收入对家庭人均消费支出产生了正向影响，家庭人均收入提高1%，家庭人均消费支出增长0.453%，即消费的收入弹性为0.453。家庭人均收入的增加对消费率具有负向影响，这一结果与恩格尔法则相符，也与Chen等（2015）的结果一致。年龄对农民工消费支出的影响为负向，但没有对消费率产生显著的影响，教育水平对农民工的消费支出具有正向影响，这一结果与已有研究结果的结论相一致（Chen等，2015；Meng，2016）。流入地人口数的增加降低了人均生活成本使家庭人均消费支出下降，但绝对消费支出有所增加，导致消费率上升。户籍地人口数对农民工的城市消费支出具有负向影响，在老家有留守人口的情况下，农民工需要进行更多的储蓄并将赚得的收入汇回老家，使流入地农民工的支出水平下降，但对消费率的影响较小。从迁移类型来看，较为明确的结论是跨省迁移的农民工具有更高的家庭人均消费支出；从住房类型来看，租住私房和自购房会使农民工的家庭人均消费支出和消费率大幅提升，说明住房消费支出仍是农民工消费的最主要部分。

3）农民工消费方程2SLS的回归结果

表6-5给出了农民工消费方程2SLS的回归结果。从匹配前第一阶段的回归结果来看，教育水平是农民工获得稳定就业的关键因素，其他变量对农民工的就业稳定性也具有不同程度的影响，由于匹配对影响消费的各变量进行了平衡处理，所以在匹配后第一阶段的回归中，除工具变量外的所有变量基本都无显著性。在第一阶段的回归中，区（县）稳定就业比和政府培训参与两个变量的系数估计无论是匹配前还是匹配后都显著，说明这两个变量作为工具变量是合理的。在考虑了就业稳定性的内生性后，就业稳定性对家庭人均消费支出和消费率的促进作用明显增加，从匹配后的估计结果来看，就业稳定性使农民工的家庭人均消费支出增长19%，使消费率增加8.9个百分点。其他变量对消费的影响程度与OLS得到的结果趋势基本相同。

4）回归结果的稳健性检验

从两个方面对回归结果的稳健性进行检验，一是改变分析策略，二是考虑稳定就业内部的异质性。在分析策略上，采用内生处理效应模型

表6-5　　农民工消费方程2SLS的回归结果

变量	匹配前			匹配后		
	第一阶段	家庭人均消费支出	消费率	第一阶段	家庭人均消费支出	消费率
就业稳定性	—	0.128***	0.053***	—	0.190***	0.089***
年龄	0.001	-0.003***	-0.001	-0.001	-0.004***	0.001
初中	0.070***	-0.002	0.011	-0.044	-0.015	0.034*
高中	0.146***	0.057***	0.033***	-0.076**	0.065**	0.069**
大学及以上	0.223***	0.112***	0.061***	-0.025	0.090**	0.076***
流入地人口	-0.026***	-0.332***	0.067***	-0.001	-0.325***	0.089***
户籍地人口	-0.007	-0.061***	-0.008*	0.007	-0.055***	0.001
省内跨市	0.042***	0.026*	0.012	0.003	0.009	0.006
跨省	0.080***	0.052**	0.011	-0.031	0.096***	0.025
家庭人均收入	0.099***	0.442***	-0.294***	0.011	0.448***	-0.394***
单位/雇主房	0.092**	-0.037	-0.020	-0.067	-0.054	-0.044
租住私房	0.016	0.205***	0.092***	-0.049	0.192***	0.101***
公/廉租房	-0.085	0.225***	0.065**	-0.156	0.150	0.011
自购房	0.069	0.309***	0.141***	-0.067	0.311***	0.146***
区（县）稳定就业比	0.756***	—	—	0.892***	—	—
政府培训参与	0.125***	—	—	0.155***	—	—
常数项	-0.745***	3.815***	2.705***	-0.118	3.805***	3.423***
样本数量	8,008	8,008	8,008	4 368	4,368	4,368
调整 R^2	0.253	0.424	0.255	0.073	0.404	0.253

注：回归中控制了行业、单位类型和城市效应；***、**、*分别表示变量的系数在1%、5%和10%的水平上显著。

重新进行回归分析，观察所得结果是否发生明显改变。内生处理效应模型通过在影响消费的不可观测因素和影响就业稳定性的不可观测因素之间构建相关性，解决由不可观测因素引起的选择偏差，从而对内生性问题加以考虑。依据内生处理效应模型的分析思路，可以将消费方程设定为如下形式：

$$C_i = \alpha + \beta S_i + \lambda' X_i + \varepsilon_i$$

$$S_i = \begin{cases} 1 & 如果\ S_i = a + b'Z_i + c'X_i + \eta_i > 0 \\ 0, & 其他 \end{cases}, \quad \begin{pmatrix} \varepsilon_i \\ \eta_i \end{pmatrix} \sim N\left[\begin{pmatrix} 0 \\ 0 \end{pmatrix}, \begin{pmatrix} \sigma^2 & \rho\sigma \\ \rho\sigma & 1 \end{pmatrix}\right] \quad (6.3.3)$$

如果 $\rho \neq 0$，说明某些不可观测因素既影响农民工的就业稳定性又同时影响消费，存在基于不可观测因素的自选择问题，如果 $\rho = 0$，则只存在基于可观测因素的自选择问题，就业稳定性对消费的影响体现同样在系数 β 上。由于 ε_i 和 η_i 服从联合正态分布，可以采用极大似然估计方法（以下简称极大似然法）得到式（6.3.3）中所有的参数估计。表6-6给出了内生处理效应模型的估计结果，可以发现，平衡样本之后，就业稳定性对消费的影响程度有所增加，并且将表6-6的结果与表6-4、表6-5的结果加以对比可以发现，内生处理效应模型得到的就业稳定性对消费的影响程度处于普通最小二乘法和两阶段最小二乘法得到的影响程度之间。如果将普通最小二乘法、两阶段最小二乘法和内生处理效应模型的估计结果取均值作为就业稳定性对消费影响的效果，那么就业稳定性会使农民工的家庭人均消费支出增长11.5%，使消费率增加5.2个百分点。这一结果表明，在农民工的收入水平及其他就业状况不发生改变的情况下，只是将就业由非稳定转换为稳定，消费水平就会增长11.5%。王美艳（2016）的研究发现，将农民工所有的禀赋水平保持不变，只是将其消费模式转换为城市居民消费模式，其人均消费支出将增长27%，因此，稳定就业农民工的消费模式更倾向于城市居民的消费模式，农民工与城市居民消费模式的差异更多地体现在非稳定就业农民工上。

在稳定就业的界定上，进一步考虑稳定就业的差别。考虑到“无固定期限”劳动合同在调查时产生的理解偏差，在样本中去掉劳动合同类型为“无固定期限”的农民工，重新进行分析，观察就业稳定性对消费影响程度的变化。表6-7给出了2SLS的估计结果。可以发现，在平

表6-6　　内生处理效应模型的估计结果

变量	匹配前		匹配后	
	家庭人均消费支出	消费率	家庭人均消费支出	消费率
就业稳定性	0.084**	0.020***	0.118***	0.038***
年龄	-0.003***	-0.000	-0.004***	-0.000
初中	0.001	0.014*	-0.021	0.017
高中	0.064***	0.038***	0.047*	0.039**
大学及以上	0.123***	0.069***	0.079**	0.055***
流入地人口	-0.333***	0.066***	-0.334***	0.076***
户籍地人口	-0.061***	-0.008*	-0.063***	-0.006
省内跨市	0.028**	0.014*	0.030	0.015
跨省	0.056**	0.015	0.120***	0.040*
家庭人均收入	0.447***	-0.290***	0.473***	-0.328***
单位/雇主房	-0.031	-0.016	-0.010	-0.005
租住私房	0.207***	0.094***	0.236***	0.122***
公/廉租房	0.234***	0.071**	0.203*	0.048
自购房	0.314***	0.144***	0.345***	0.167***
常数项	3.834***	2.707***	3.584***	2.947***
样本数	8 008	8 008	4 368	4 368

注：回归中控制了行业、单位类型和城市效应；***、**、*分别表示变量的系数在1%、5%和10%的水平上显著。

衡样本之后，就业稳定性对消费依然存在显著的影响，就业稳定性对消费正向影响的结论在变量的界定上是稳健的。

表6-7 **2SLS的估计结果**

变量	匹配前		匹配后	
	家庭人均消费支出	消费率	家庭人均消费支出	消费率
就业稳定性	0.122***	0.044**	0.149***	0.067**
年龄	−0.003***	−0.001	−0.003**	0.000
初中	−0.009	0.010	−0.007	0.028
高中	0.046**	0.031***	0.082**	0.073**
大学及以上	0.102***	0.056***	0.104**	0.077**
流入地人口	−0.333***	0.063***	−0.325***	0.089***
户籍地人口	−0.062***	−0.009*	−0.062***	0.002
省内跨市	0.035**	0.016*	0.033	−0.000
跨省	0.052*	0.011	0.038	−0.031
家庭人均收入	0.446***	−0.276***	0.453***	−0.387***
单位/雇主房	−0.050	−0.023	−0.044	−0.031
租住私房	0.191***	0.087***	0.213**	0.125*
公/廉租房	0.201***	0.053*	0.330**	0.119
自购房	0.298***	0.131***	0.302***	0.157**
常数项	3.848***	2.595***	3.691***	3.350***
样本数	7 098	7 098	4 154	4 154
调整 R^2	0.426	0.260	0.427	0.259

注：回归中控制了行业、单位类型和城市效应；***、**、*分别表示变量的系数在1%、5%和10%的水平上显著。

6.3.3 就业稳定性对消费结构的影响

表6-8给出了就业稳定性对农民工食品消费和住房消费影响的回归结果。从家庭人均收入的系数估计来看，农民工住房消费的收入弹性低于食品收入的消费弹性，主要原因在于住房属于耐用品，其消费的增加通常需要较大程度的收入增长才能得以实现，因此，住房消费对收入增

加的反应较小。从就业稳定性变量的系数来看，与非稳定就业农民工相比，就业稳定能够促进农民工食品消费支出和住房消费支出分别增长9.8%和47.4%，但由于住房消费支出增长的幅度超过食品消费支出增长的幅度，导致食品消费占比下降5.5个百分点，住房消费占比增长8.4个百分点。因此，稳定就业给农民工带来的稳定收入预期促使农民工更多地改善居住条件，这又能够使农民工在流入地更好地生活，加快融入城市过程。

表6-8　就业稳定性对农民工食品消费和住房消费影响的回归结果

变量	食品消费	住房消费	食品消费占比	住房消费占比
就业稳定性	0.098*	0.474***	−0.055***	0.084***
年龄	−0.005***	−0.006***	−0.000	0.000
初中	−0.019	0.054	−0.011	0.007
高中	0.001	0.189***	−0.030**	0.029**
大学及以上	0.060	0.310***	−0.025	0.059***
流入地人口	−0.304***	−0.361***	0.010**	−0.003
户籍地人口	−0.038**	−0.070***	0.009*	−0.009**
省内跨市	−0.053*	−0.006	−0.023**	0.000
跨省	0.074	−0.035	−0.017	0.000
家庭人均收入	0.399***	0.256***	−0.023***	−0.008
单位/雇主房	−0.130	−0.077	−0.014	0.006
租住私房	0.229***	0.078	0.007	0.177***
公/廉租房	0.303*	−0.009	0.077	0.117***
自购房	0.312***	1.052***	−0.003	0.156***
常数项	3.488***	3.559***	0.753***	0.041
样本数	4,368	3,448	4,368	4,368
调整 R^2	0.261	0.484	0.059	0.286

注：回归中控制了行业、单位类型和城市效应；表中给出的是基于匹配后样本采用两阶段最小二乘法得到的结果；***、**、*分别表示变量的系数在1%、5%和10%的水平上显著。

6.4 就业稳定性对消费影响的机制和异质性检验

6.4.1 就业稳定性对消费影响的机制检验

实现稳定就业的农民工具有更高的收入，他们的消费支出和消费率高于受雇农民工的现实较易理解[①]。但是，在考虑了家庭收入对消费的影响后，稳定就业本身依然显著增加了农民工的消费支出和消费率，除了其体现为更持久的收入预期从而对消费产生促进效应之外，稳定的就业是否还体现其他一些机制呢？为此，本章进一步从城市认同感和社会保障两个角度探讨就业稳定性促进消费增长的机制。从城市认同感的角度来看，稳定的就业使农民工有更多的机会深度参与城市的生活，增强城市认同感，促进消费的增长。从社会保障的角度来看，稳定的就业使农民工更容易获得社会保障，而完善的社会保障能够降低农民工的预防性储蓄，促进消费的增长[②]。为对这两种可能存在的机制进行检验，从调查数据中提取城市认同感和社会保障方面的信息。城市认同感信息来自调查中“你感觉自己是这个城市的一员吗?”这一问题，该问题的回答选项分为“完全同意”、“基本同意”、“一般”、“不同意”和“完全不同意”，分析中设定“城市认同”变量，如果农民工的回答为“非常同意”，变量的取值为1，否则取值为0。社会保障采用农民工是否参加城镇职工医疗保险来刻画，分析中设定“社会保障”变量，如果农民工参与城镇职工医疗保险，变量的取值为1，否则取值为0。表6-9给出了就业稳定性影响消费的机制检验。从城市认同来看，就业稳定性对城市认同感具有显著影响，在消费方程中加入城市认同感变量后，其系数显著，可以判断就业稳定性增强了农民工的城市认同感进而促进消费的增加。从社会保

① 第5章在分析就业稳定性对永久迁移意愿的影响时已经验证了就业稳定性能够增加农民工的收入。

② 增强身份认同感无疑会提升农民工永久迁移意愿，由于第5章采用的2016年和2017年的CMDS数据没有提供身份认同感方面的信息，这里考察就业稳定性对身份认同感的影响，也为就业稳定性提升农民工永久迁移意愿提供了补充机制检验。就业稳定性对社会保障的正向促进作用在第5章时已经进行过分析，考虑到社会保障是消费的重要决定因素，本章再次对其进行考察。此外，本章所采用的数据与第5章采用的数据并不相同，因此也可以对就业稳定性促进社会保障获得的结论进行不同数据集的稳健性检验。

障来看，就业稳定性增加了农民工城镇职工医疗保险的参保率，并且在消费方程中加入社会保障变量后，其系数也显著，说明就业稳定性增加了农民工社会保障的获得进而促进农民工的消费。此外，在消费方程中同时加入城市认同感和社会保障变量之后，就业稳定性变量的系数依然显著，说明在去除就业稳定性所体现的这两种机制后，其所体现的稳定收入预期依然会对农民工消费的增加起到明显的促进作用。

表6-9　　就业稳定性影响消费的机制检验

变量	城市认同机制检验			社会保障机制检验			两种机制的共同检验	
	城市认同	消费支出	消费率	长住意愿	消费支出	消费率	消费支出	消费率
就业稳定	0.042***	0.131***	0.065***	0.292***	0.119**	0.051**	0.116**	0.049**
城市认同	—	0.031**	0.026***	—	—	—	0.030**	0.025***
社会保障	—	—	—	—	0.043***	0.046***	0.042**	0.045***

注：表中给出的是基于匹配后样本采用2SLS方法得到的结果，在第一阶段就业稳定性的回归中不包含城市认同和社会保障变量；***、**、*分别表示变量的系数在1%、5%和10%的水平上显著。

6.4.2　就业稳定性对消费影响的异质性检验

新生代农民工在人力资本特征、就业选择和生活习惯等方面与老一代农民工存在明显的差异，他们的消费观和消费行为完全不同于老一代农民工（蔡昉，2011；王美艳，2016），新生代农民工的消费水平要明显高于老一代（刘林平和王茁，2013），并且消费类型更加多样（金晓彤和杨潇，2016），那么就业稳定性对两代农民工消费的影响是否存在差异呢？从基本的分析结果来看，教育水平对农民工的消费具有正向促进作用，教育水平越高的农民工越注重人力资本积累，并且对城市生活具有更强的认知和向往，这些都会促使其提高消费水平，那么就业稳定性对高教育水平农民工和低教育水平农民工消费的影响是否存在差异呢？基于以上考虑，本章按年龄将农民工群体分为新生代农民工和老一代农民工（1980年以后出生的农民工界定为新生代农民工），按教育水平将农民工群体分为低教育水平农民工和高教育水平农民工（学历为高中和高中以上界定为高教育水平），进行分样本回归，观察就业稳定性对不同农民工群体消费影响的差异。

表6-10给出了就业稳定性对不同特征农民工群体消费影响的差异。从代际来看，就业稳定性对新生代农民工家庭人均消费支出和消费率都具有显著的影响，但对老一代农民工消费支出和消费率的影响都不显著，可能的原因在于老一代农民工永久迁移的意愿较弱，进入城市工作的目的只是赚取更高的收入，未来还是要回到农村生活，这降低了他们在城市的消费意愿，将赚取的收入更多用于储蓄，因此不管就业是否稳定，消费并没有产生明显的差异。与老一代不同，新生代农民工或是在年龄较小的时候就离开农村进入城市生活，或是本身就出生在城市，他们未来无法也不愿回到农村生活，具有较强的城市融合意愿，与本地居民的交往程度也较深，就业是否稳定对其消费的影响较为明显。从教育水平来看，就业稳定性对高教育水平农民工的消费支出和消费率的正向影响都不显著。教育水平较高的农民工更能够通过自己的努力突破人力资本瓶颈，劳动力市场的竞争力较强，即使失去当前从事的工作，也能够较快地找到新的工作，在不同工作岗位之间的转换较为顺畅，其稳定的收入预期并不取决于当前的就业是否稳定，而更多地取决于其人力资本水平，即使当前的就业不稳定也不会明显降低他们的消费水平，因此就业稳定性对消费的促进作用并不明显。相反，低教育水平农民工收入的稳定性主要由就业的稳定性加以体现，在就业稳定的情况下，消费会显著增加。

表6-10 **就业稳定性对不同特征农民工群体消费影响的差异**

组别	变量	匹配前		匹配后	
		家庭人均消费支出	消费率	家庭人均消费支出	消费率
新生代	就业稳定性	0.174^{***}	0.077^{***}	0.186^{***}	0.130^{***}
	家庭人均收入	0.449^{***}	-0.287^{***}	0.464^{***}	-0.423^{***}

续表

组别	变量	匹配前		匹配后	
		家庭人均消费支出	消费率	家庭人均消费支出	消费率
老一代	就业稳定性	0.030	0.002	0.051	0.007
	家庭人均收入	0.433***	−0.333***	0.501***	−0.268***
高教育水平	就业稳定性	0.168**	0.076**	0.118	0.076
	家庭人均收入	0.486***	−0.291***	0.510***	−0.330***
低教育水平	就业稳定性	0.103**	0.036	0.159**	0.084**
	家庭人均收入	0.412***	−0.298***	0.441***	−0.342***

注：***、**、*分别表示变量的系数在1%、5%和10%的水平上显著。

6.5 本章的结论与启示

本章分析了就业稳定性对农民工消费的影响，为理解农民工的消费行为提供了新的视角。研究基本结论如下：一是，就业稳定性对农民工城市消费的直接影响明显，稳定的就业能够使农民工的家庭人均消费增长约11.5%，消费率提升约5.2个百分点，如果考虑通过收入对消费的间接促进作用，就业稳定性增加消费的效果还要更大，这一结果在不同的方法和不同的变量设定下具有稳健性。二是，从消费结构来看，就业稳定对农民工住房消费支出的促进作用最为明显，使其增长47.4%，使住房消费占总消费的比重提升8.4个百分点。三是，从就业稳定性发挥直接作用的机制来看，除能够体现稳定的收入预期促进消费外，还能够通过农民工社会认同感的提升和社会保障的获得促进消费的增加。四是，就业稳定性对新生代农民工消费的影响显著，但对老一代农民工消费没有影响，对低教育水平农民工的消费具有正向影响，但对高教育水平农民工消费的影响并不显著。

研究结论表明，破解农民工低消费问题的一个思路是增强农民工的就业稳定性，提升社会认同感和社会保障的获得，稳定农民工的收入预期。政策的发力点在于两个方面，一是提升农民工的就业稳定性，二是降低农民工收入中断的风险。在提升农民工的就业稳定性上，第5章的结论部分已经给出了建议，这里再次加以强调：要继续落实《劳动合同法》，提升农民工劳动合同的签订率，用法律维护农民工就业权益的实现，既能避免农民工付出劳动而收入无法保障状况的出现，又能提升农民工的雇佣稳定性；要通过各种措施提升农民工的人力资本水平，依靠人力资本水平的提升增加劳动力市场的依附性，增强就业稳定性。在降低农民工收入中断的风险上，本章提出三点建议：要完善农民工的失业保障服务，使农民工在工作转换期能够获得失业保险，保证基本的生活；要充分发挥就业服务机构在农民工工作转换中的作用，使失业农民工能够较快地寻找到新的工作，缩短就业等待期；要给予农民工自主经营活动充分的空间，在农民工无法找到合适工作的情况下，鼓励农民工开展与自身特征相适应的服务性经营活动，使具有一定社会资本并且具有自雇意愿的农民工能够顺利开展自雇就业。

7　政府培训对农民工就业稳定性及其他就业福利的影响

针对农民工人力资本不足的问题，中央和各级政府投入大量的财政资金开展农民工职业培训项目，自2004年开始，相继实施了阳光工程、农村劳动力技能就业计划、中等职业教育扩大招生计划、雨露计划、星火计划、春潮行动、春风行动等。在政府不断加大农民工职业培训投入力度的背景下，一个很现实的问题是，政府出资主导的培训项目对农民工的就业状况究竟产生了怎样的影响？为回答这一问题，需要将视角转向政府培训项目有效性的评价领域。政府培训能够显著改善农民工的人力资本水平，从而对农民工的就业状况产生多方面的影响，除就业稳定性外，还会影响工资收入、工作时间以及社会保险的参与等，因此，本章不仅关注政府培训对农民工就业稳定性的影响，还同时关注就业福利的其他维度。

7.1 政府培训对农民工就业福利影响的研究成果与评论

对劳动力市场弱势群体开展职业技能培训，提升他们的人力资本水平进而促进其收入的增加，是减少贫困、缓解不平等的重要措施（Friedlander等，1997）。受到家庭和个人禀赋以及信贷约束的限制，劳动力市场弱势群体自身的教育投资不足，导致他们的就业层次较低，稳定性较差，这又进一步限制了其自筹资金开展个人职业培训的意愿和能力。依据人力资本理论，较高的教育水平能够增强个体的学习技能，减少培训的边际成本，因此，以利润最大化为目标的企业更倾向于对高教育水平劳动力开展在职培训（Blundell等，1999），而对教育水平较低的弱势群体开展在职培训的动力不强。在这种情况下，政府出资主导的职业培训项目就成为劳动力市场弱势群体突破人力资本瓶颈的重要举措。

一些发达国家学者就政府针对劳动力市场弱势群体实施的培训项目进行了较为充分的评价性研究，重点集中在政府培训对参与者工资收入的影响方面。由于各项研究所评价的培训项目开展形式不同，分析中所采用的数据和方法也存在差异，因此，已有研究并未得到一致的结论（Martin 和 Grubb，2001）。比如，LaLonde（1995）和 Friedlander 等（1997）对美国政府针对弱势群体实施的职业培训项目的评价性研究成果进行了回顾，发现政府培训项目增加成年女性收入的结论较为明确，但对成年男性和刚离开学校的年轻人的收入所产生的影响并不明确，多数研究表明没有产生显著影响，少数研究得出了负向影响的结论。

国内学术界对农民工职业培训效果的评价工作也已展开，然而，受到数据可得性的限制，多数研究所关注的职业技能培训并没有明确区分培训的提供者是否为政府（王德文等，2008；张世伟和王广慧，2010；李实和杨修娜，2015；江金启等，2016），很少数的研究将评价的焦点对准了政府培训项目，但受到数据代表性以及评价方法局限性的限制，所得结论并不一致。比如，杨玉梅和曾湘泉（2011）基于河南省阳光工程部分受训人员的调查问卷，采用事前事后估计方法发现，国家提供部分补贴并且培训时间为3个月、4个月和5个月的培训使农民工的月工资提高33.5%，但翁杰（2012）基于浙江省杭州市制造业企业的农村转移劳动力调查数据，采用倾向分匹配方法发现，政府培训并没有明显提高农村转移劳动力的工资收入。因此，关于政府培训项目对农民工工资收入的影响还需要进行更为细致的研究。

政府培训能够增强农民工的人力资本，而人力资本对农民工就业状况的影响是多方位的，因此，政府培训项目效果的评价也不应仅考虑工资收入一个维度。如何从多个维度衡量农民工的就业状况？已有研究多从就业质量的视角进行探讨。就业质量的概念在1999年国际劳工组织提出“体面工作计划（the decent work agenda）”后，逐渐被各国政府和学术界所接受，并成为劳动经济学研究的主题之一。关于就业质量的测度，现有研究尚存在争议，但广泛认可的事实是：就业质量是多维现象（Clark，2005；Green，2006；Davoine等，2010；Antón等，2012），维度的选择需要由数据驱动（Leschke和Watt，2014）。

国内学者也已开展了就业质量的研究工作[①]。对于农民工就业质量的分析，侧重于从工资收入、工作时间、就业稳定性和社会保障等维度构建就业质量指标，考察人力资本（周春芳和苏群，2018）、社会资本（任义科，2015）、工作转换（明娟和王明亮，2015）以及更具农民工迁移特色的务工距离（李中建和袁璐璐，2017）和子女随迁（邓睿和冉光和，2018）等对农民工就业质量的影响。已有关于农民工就业质量的文献，在分析视角上虽然是多维度的，但主要是对农民工就业福利各项指标的客观考察，并没有包含农民工对自身就业状况的主观评价，因此并不能算是真正意义上的就业质量测度，更准确地应该阐述为农民工的就业福利状况。

本章的贡献主要体现在三个方面：一是，丰富了农民工职业培训项目评价的研究成果，将分析视角拓展到就业福利的多个维度，进而能够对政府开展的农民工职业培训项目进行更为全面的评价；二是，

① 关于就业质量的研究可以分为宏观和微观两个层面，在宏观层面上，主要是经济整体就业质量指标的构建、决定机制以及区域的比较（刘素华，2005；赖德胜等，2011；苏丽峰，2013），在微观层面上，则主要是个体就业质量影响因素的确定。

采用内生处理效应模型进行分析，考虑了农民工政府培训参与的不可观测影响因素和就业福利不可观测影响因素的相关性，从而修正了由不可观测因素引起的政府培训参与的自选择问题；三是，以国家卫生健康委2013年流动人口动态监测社会融合部分的调查数据为基础展开评价研究工作，填补了该领域大样本研究的空白，所得结论更具代表性。

7.2 政府培训对农民工就业福利影响的理论分析

本节在贝克尔人力资本理论的框架下分析农民工在政府提供培训期间就业福利的变化情况。政府不仅对农民工开展一般技能培训，还为农民工提供各种专业技能培训，但无论哪种培训，本质上是政府承担了农民工参加培训或用工企业提供培训所产生的成本，即发生了成本的转移，因此，可以在培训的基本理论之上考虑成本转移，分析政府培训对农民工就业福利的影响。

7.2.1 政府出资的一般培训对农民工就业福利影响的理论分析

假设政府在第一期开展培训，农民工经培训获取工作所需的一般技能后不再参与培训。农民工在参加培训时会产生两种成本，一种成本是直接成本，包括师资费、场地费、设备费等与培训直接相关的成本，另外一种成本是农民工参加培训所损失工作时间的机会成本，两种成本之和为C。假设在完全竞争的劳动力市场中，企业通过使农民工的边际产品价值与提供给农民工的就业福利相等实现利润的最大化[①]。用VMP表示农民工的边际产品价值，ω表示企业为农民工提供的就业福利，利润最大化的均衡条件将会有 $VMP = \omega$。假设农民工未参加一般培训时的均衡条件为 $VMP^* = \omega^*$，农民工参加一般培训时的边际产品价值由未参加培训时的边际产品价值 VMP^* 下降为 VMP_0，参加培训所产生的直接成

① 狭义上讲，企业提供给农民工的就业福利是指工资，但广义来看，企业为保持农民工就业的稳定性、减少农民工的工作时间以及给农民工缴纳社会保险所产生的成本，都可以看作为农民工提供的就业福利。

本为Z，可以得到培训的总成本为：

$$C = VMP^{*} - VMP_{0} + Z \quad (7.2.1)$$

其中，$VMP^{*} - VMP_{0}$为农民工参加培训的机会成本。由于农民工参加一般培训所获得的技能具有普遍适用性，可以随农民工的工作转换而转移，并且这种技能在其他企业也同样会获得收益，因此一般培训的成本将会由农民工全部承担，当农民工的边际产品价值由VMP^{*}下降为VMP_{0}时，他们的就业福利也会由ω^{*}下降为ω_{0}（如图7-1所示）。在培训结束之后，农民工的边际产品价值上升为VMP_{t}，工资水平相应地上升为ω_{t}。

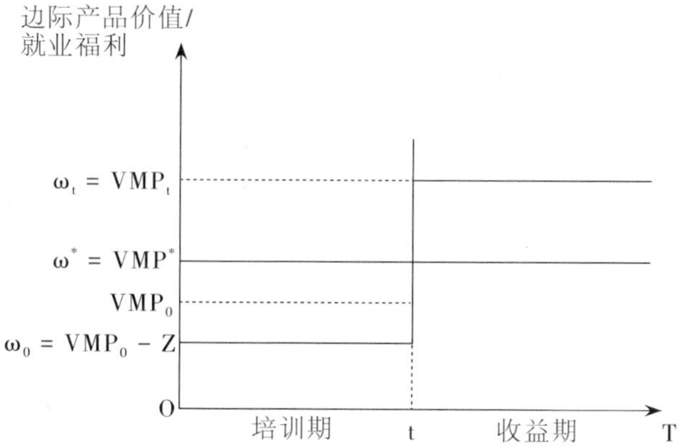

图7-1　一般培训的成本和收益

劳动者在一般培训的过程中承担的成本有培训的直接费用Z和劳动者的机会成本($VMP^{*} - VMP_{0}$)，在培训结束以后，农民工的就业福利水平提高了($VMP_{t} - VMP_{0} + Z$)，相较于不参加培训的状况而言，工资水平提高了($VMP_{t} - VMP^{*}$)。

如果政府承担一般培训的成本，那么对农民工而言，参加一般培训需要承担的直接培训费用Z即为0，培训期间就业福利水平提高了Z，因此政府出资的一般培训对于农民工而言具有一定的激励作用。由于收益和成本都归农民工所有，所以企业在一般培训的过程中处于既不享受收益也不承担成本的状态，无论一般培训的直接培训费用是否由政府承担，对企业都没有任何影响。

上述分析以农民工先就业再参加政府提供的一般培训为例，如果农民工是先参加政府培训后就业，分析的思路基本相同，只不过在培训期间农民工未就业，其就业福利水平为0，培训的机会成本全部为未参加培训时的边际产品价值。培训后农民工找到工作，企业提供的就业福利水平ω_t依然会等于农民工的边际产品价值VMP_t，VMP_t高于未参加培训时的边际产品价值VMP^*。政府承担培训的直接成本，依然对农民工参加一般培训有着极大的激励作用。

7.2.2 政府出资的专业培训对农民工就业福利影响的理论分析

专业培训是只有企业能够在开展的培训中获益的一种培训，农民工通过专业培训获得的专业技能仅能服务于该企业，这些技能在农民工离开企业后无法提高其劳动市场竞争力，因此，理论上农民工不愿意为专业培训支付费用。从企业角度看，专业技能仅能用于为自身创造效益，所以自行担负相应的培训成本也较为合理，但是如果农民工在获得专业技能后离开企业，企业需要承担开展专业技能培训的损失。所以，实际中除开展专业培训的企业外，农民工也要承担相关部分培训成本，而最终收益也为双方所有。相较于未接受专业培训时的边际产品价值，农民工在接受专业培训时的边际产品价值会有所下降，但企业并不会依据接受培训时的边际产品价值设定农民工的就业福利，而是将就业福利水平设定在这一福利水平与未接受培训时边际产品价值所对应的福利水平之间。农民工的边际产品价值在完成培训后明显提高，但此时企业也不会依据其培训后的边际产品价值设定就业福利水平，而是将就业福利水平设定在这一福利水平与未参与培训时的福利水平之间。

从收益的角度来看，若将农民工通过专业培训获得的收益在总收益中的比例用a表示，此时可将总收益中的企业所得比例记作$(1-a)$。未来总收益G主要由两部分未来收益的现值构成，一部分来自企业，记作$G_{企}$，一部分源自农民工，记作$G_{劳}$，公式为$G=G_{劳}+G_{企}$，其中$G_{劳}=a\times G$，$G_{企}=(1-a)\times G$。

从成本的角度看，假设$C_{劳}$和$C_{企}$分别表示农民工和企业承担的培训成本，由于农民工和企业各自承担的成本和享有的收益相对应，并且$C=(VMP^*-VMP_0)+Z$，因此，可以得到：

$$\begin{aligned}C_{劳}&=VMP^*-\omega_0=aC=a(VMP^*-VMP_0)+aZ\\C_{企}&=C-(VMP^*-\omega_0)=\omega_0-(VMP_0-Z)=(1-a)(VMP^*-VMP_0)+(1-a)Z\end{aligned}\tag{7.2.2}$$

专业培训过程中的成本-收益分配方式如图7-2所示。当专业培训由政府出资时，政府承担专业培训的直接费用为Z，企业和农民工承担的直接培训费用都为0。对于农民工而言，在参与政府出资的专业培训后，他们会得到aG的收益，但专业培训成本中的aZ由政府承担，农民工具有较强的意愿参加政府出资的专业培训；对于企业而言，农民工在参与政府组织的专业培训后，企业获得(1 - a)G的收益，但专业培训成本中的(1 - a)Z由政府承担，因此，企业对政府主导的专业培训持认可态度，也鼓励农民工参与其中。通常情况下，政府出资的专业培训对农民工和企业激励作用的大小取决于a的大小，即a越大，对农民工的激励作用越大，但对企业的激励作用越小；反之，a越小，对企业的激励作用越大，而对农民工的激励作用越小。

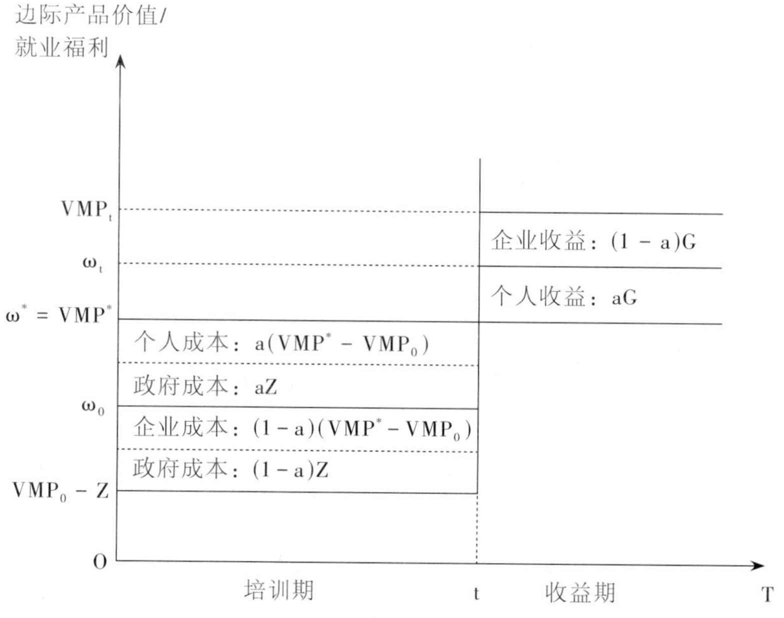

图7-2 专业培训过程中的成本-收益分配方式

综上所述，政府出资的一般培训和专业培训都能提高农民工的就业福利，虽然在培训期内，农民工的就业福利与不参与培训相比，会有所下降，但在参加培训后，农民工的就业福利必然会提高，因此，无论是一般技能培训还是专业技能培训，农民工都有动力参与其中。理论上，政府出资的培训能够促进农民工就业福利水平的增加，但现实中促进作用的大小还取决于政府开展的培训与企业所需技能的匹配程度以及农民工对技能培训的认同程度等，因此，需要通过实证分析加以量化。

7.3 政府培训与农民工就业福利的统计分析

本章分析所采用的数据来自国家卫生健康委流动人口数据平台所提供的2013年流动人口动态监测社会融合专题调查数据库。该调查为8城市调查，包括上海市、江苏省苏州市和无锡市、福建省泉州市、湖北省武汉市、湖南省长沙市、陕西省西安市和咸阳市。调查信息主要由四部分构成：流动人口个人特征的基本信息、就业与收入支出、社会服务与社会保障以及社会融合状况。由于分析的对象为农民工，因此将样本范围界定在户口性质是农业户口、流入原因是务工经商、调查时前一周有工作的流动人口。

核心解释变量是农民工是否参加政府主导的免费培训，设定“政府培训”变量，通过问卷调查中“近三年，您在本地接受过政府提供的免费培训吗?”这一问题获得相关信息，若农民工的回答选项为“是”，政府培训变量的取值为1，否则取值为0。政府开展职业技能培训的目的在于提升农民工的职业技能水平，增强他们的就业能力，因此，参加政府培训的农民工更可能是就业形式为受雇或者是培训后的就业形式为受雇的农民工，基于这样的考虑，进一步去除就业形式为“雇主”、“家庭帮工”和“自营劳动者”的农民工。

就业福利作为被解释变量，除包括就业稳定性外，还包括工资收入、工作时间和社会保障获得三个维度。根据数据提供的信息，依据企业和农民工签订的劳动合同类型度量就业稳定性，界定为稳定就业的合同类型是“固定期限”和“无固定期限”两类，将其他的劳动合同类型和未签订劳动合同界定为非稳定就业；将农民工月工资收入和周均工作时间作为度量工资收入与工作时间的主要依据，周均工作时间由周均工作天数与日均工作小时数相乘得到；将农民工在流入地是否参加城镇职工养老保险（以下简称“养老保险参保”）作为度量社会保障的主要依据。除对就业福利的各个维度进行分析外，进一步建立就业福利指数，分析政府培训对农民工就业福利总体状况的影响。第一步，将各个维度的福利指标实施标准化处理：

$$x_{ij}^{norm} = (x_{ij} - x_{j,\ min})/(x_{j,\ max} - x_{j,\ min}),\ j = 1,\ 2,\ 3,\ 4 \tag{7.3.1}$$

其中，j标识就业福利的维度，i标识农民工个体，农民工i在就业福利维度j中的取值记作x_{ij}，以所有农民工在维度j中的最大值记作$x_{j,\ max}$，最小值记作$x_{j,\ min}$，变量标准化取得最终值记作x_{ij}^{norm}。由于就业福利与工作时间成反比，所以采取“1-标准化指标”的反向处理方式分析工作时间指标。第二步，将等权重作为四个维度指标的加权依据，整体就业福利指数为：

$$JQI_i = 100(\sum_{j=1}^{4} x_{ij}^{norm})/4 \tag{7.3.2}$$

表7-1给出了参加政府培训的农民工与未参加政府培训的农民工就业福利状况的比较。全部农民工中参加政府培训的比例为13.41%，从就业稳定性来看，参加政府培训的农民工的稳定就业比更高，超出未参加政府培训的农民工16.60个百分点；从周均工作时间来看，参加政府培训的农民工周均工作时间要少3.77小时；从月工资收入来看，参加政府培训的农民工月工资收入要高133.05元；从城镇职工养老保险参保率来看，参加政府培训的农民工的参保率要高出13.23个百分点；最后，从就业福利指数来看，参加政府培训的农民工就业福利指数要高8.91。均值相等性检验表明上述差异均在1%的水平下显著，因此，统计结果表明，政府培训在提高农民工就业福利过程中发挥了正向积极作用。然而，无论是在人力资本特征、家庭特征还是在就业的行业分布等方面，参加政府培训和未参加政府培训的农民工都存在差异，此外，不可观测因素也会使农民工在是否参加政府培训上存在自选择，这些问题都需要进一步通过构建回归模型加以分析。

表7-1　　农民工就业福利状况的比较

变量	全部农民工	未参加培训农民工	参与培训农民工	均值差异
就业稳定性	0.6801	0.6579	0.8239	0.1660***
周均工作时间	57.01 (13.42)	57.52 (13.64)	53.75 (11.38)	−3.77***
月工资收入	2 956.17 (1 110.31)	2 938.33 (1 084.99)	3 071.38 (1 256.15)	133.05***
养老保险参保	0.3075	0.2897	0.4220	0.1323***
就业福利指数	49.29 (21.31)	48.09 (21.28)	57.00 (19.86)	8.91***
样本数	8 131	7 041	1 090	—

注：括号内为标准差；***表示均值差异在1%的水平下显著。

7.4　政府培训对农民工就业福利影响的回归分析

7.4.1　回归模型的设定与分析策略

将就业福利方程设定为如下的线性形式：

$$job_i = \alpha + \beta * train_i + \lambda' X_i + \varepsilon_i \quad (7.4.1)$$

其中，job_i表示农民工i的就业福利，$train_i$表示农民工是否参加政府培训的虚拟变量，X_i表示就业福利的可观测影响因素，ε_i表示不可观测影响因素。若农民工就业福利的不可观测因素不影响农民工的政府培训参与决策，也就是说农民工的政府培训参与决策是在可观测因素的基础上作出的，此时可以通过普通最小二乘法估计式（7.4.1）得到政府培训对就业福利的影响。若政府培训和其他可观测因素对农民工就业福利的影响不是式（7.4.1）给出的线性形式，同时，参加政府培训与不参加政府培训农民工的可观测因素差异显著，在这种情况下，依据匹配方法也可得到政府培训对农民工就业福利的影响。然而，如果存在某些不可观测因素既影响就业福利，也影响政府培训参与决策，即农民工政府培训的参与决策存在基于不可观测因素产生的选择问题，在这种情况下，不管是普通最小二乘法还是匹配方法，所得到的估计结果都会存在偏差。现实中，政府开展培训的目的在于增强农民工的就业能力，那些认为自身就业能力不足的农民工参加政府培训的积极性更高，而就业能力毫无疑问会影响到就业福利，因此，需要考虑由不可观测因素导致的选择偏差问题。本章通过构建内生处理效应模型分析政府培训对农民工就业福利的影响，该模型在就业福利和政府培训参与决策不可观测因素之间建立起相关性，从而克服因不可观测因素引发的选择偏差问题。与此同时，内生处理效应模型也考虑了就业福利影响因素在参加政府培训农民工和未参加政府培训农民工两类群体中的异质性，所得估计结果存在一般性。将式（7.4.1）扩展为如下形式：

$$
\begin{aligned}
&job_{i0} = \alpha_0 + \lambda_0' X_i + \varepsilon_{i0}, \quad job_{ii} = \alpha_1 + \lambda_1' X_i + \varepsilon_{i1}, \\
&train_i = \begin{cases} 1, \text{如果 } \eta + \kappa' W_i + u_i > 0 \\ 0, \text{其他} \end{cases}, \qquad (7.4.2) \\
&E(\varepsilon_{ij}|X_i) = E(\varepsilon_{ij}|W_i) = 0, \quad E(\varepsilon_{ij}|u_i) \neq 0, \quad j = 1, 2
\end{aligned}
$$

其中，W_i和u_i分别表示影响农民工政府培训参与决策的可观测因素和不可观测因素。ε_{i0}，ε_{i1}和u_i服从联合正态分布，即：

$$
\begin{pmatrix} \varepsilon_{i0} \\ \varepsilon_{i1} \\ u_i \end{pmatrix} \sim N\left[\begin{pmatrix} 0 \\ 0 \\ 0 \end{pmatrix}, \begin{pmatrix} \sigma_0^2 & \sigma_{01} & \sigma_0\rho_0 \\ \sigma_{01} & \sigma_1^2 & \sigma_1\rho_1 \\ \sigma_0\rho_0 & \sigma_1\rho_1 & 1 \end{pmatrix}\right] \qquad (7.4.3)
$$

其中，参加培训农民工和未参加培训农民工的就业福利受培训参与决策不可观测因素影响的异质性通过ρ_0和ρ_1加以体现。通过极大似然法，既能获取式（7.4.2）的参数估计，也能得到式（7.4.3）的参数估计，并以此为基础建立反事实状态，得到政府培训对参加培训农民工就业福利影响的平均处理效应：

$$
\begin{aligned}
ATT &= E(job_{i1} - job_{i0} \mid train_i = 1) \\
&= E[\alpha_1 - \alpha_0 + (\lambda_1' - \lambda_0')X + (\sigma_1\rho_1 - \sigma_0\rho_0)\phi(\eta + \kappa' W_i)/\Phi(\eta + \kappa' W_i) \mid train_i = 1]
\end{aligned}
\qquad (7.4.4)
$$

其中，$\phi(\eta + \kappa' W_i)/\Phi(\eta + \kappa' W_i)$为逆米尔斯比率（inverse Mills ratio）[①]。

① 除可以得到ATT外，也可以得到ATE和ATU，其中，ATE测度的是在所有农民工都参加政府培训的情况下，就业福利的平均改善程度；ATU测度的是未参加过政府培训项目的农民工在参加政府培训后，就业福利的平均改善程度。考虑到政府培训项目开展的目的在于改善低就业能力农民工的就业福利，所有农民工都参加培训的可能性较小，因此，只关注政府培训对已经参加培训农民工就业福利的平均改善程度，即ATT。

假如ε_{i0}，ε_{i1}和u_i的联合正态分布假设无法满足，利用极大似然法所得估计结果必然存在偏差，此时，可采用Terza等（2008）提出的两阶段残差嵌入（two-stage residual inclusion，2SRI）方法进行估计。具体设想为：假设$E(\varepsilon_{ij}|u_i) = \beta u_i$。第一阶段，借助Probit模型获得政府培训参与方程，由此估测农民工参加政府培训的可能性，将是否参加政府培训状态（0或1）视为减数，而估测的培训参与概率视为被减数，两者做差得到残差项；第二阶段，将残差项引入就业福利方程中，除W_i以外，还选取外生的X_i作为工具变量，使用GMM方法同时估计政府培训参与方程、参加培训和未参加培训农民工的就业福利方程，以此为基础获得反事实的就业福利，得到就业福利受政府培训影响的平均处理效应。β_0与β_1用以体现政府培训参与和就业福利方程在不可观测因素方面的相关性。在使用极大似然法的同时，本章还给出了两阶段残差嵌入方法的估计结果。

农民工就业福利方程的解释变量包括以下几类：一是农民工群体的人力资本状况，用教育水平和年龄加以体现；二是企业需求方因素，用单位类型和行业加以体现；三是代表就业福利性别差异的性别虚拟变量，以及代表地区差异的城市虚拟变量。此外，李中建和袁璐璐（2017）的研究发现，农民工就业福利与务工距离息息相关，因此将迁移类型变量引入就业福利方程，包括跨省、省内跨市和市内跨县三类。邓睿和冉和光（2018）的研究指出，农民工就业福利受子女随迁的影响，因此将农民工家庭状况引入就业福利方程，包括是否已婚、配偶是否随迁、随迁子女数和未随迁子女数四个变量。

就业福利方程的所有解释变量均包含在政府培训参与方程之中，结合内生处理效应模型的识别条件，需要在政府培训参与方程中引入就业福利方程不包含的变量，这些变量被称为排除变量，直接影响农民工政府培训的参与但不直接影响农民工的就业福利。为此，以农民工所在区（县）为划分，将参加政府培训的农民工数量作为分子，将所有农民工数量作为分母，通过两者作比构建“区（县）政府培训率”变量。区（县）政府培训率体现该区（县）政府开展技能培训的力度，会直接影响农民工参加政府培训的意愿，考虑到参加政府培训的农民工占比较低，该比率无法明显改变劳动力市场整体的人力资本状况，因此不会直接影响农民工的就业福利。

表7-2给出了变量的统计描述。相较于未参加培训的农民工而言，参加培训的农民工中女性比例高出2.7个百分点，已婚比例高出2.48个百分点，随迁子女数比例高出3.65个百分点，说明女性、已婚和具有随迁子女的农民工参加政府培训的意愿更强。参加培训农民工的教育水平也要高于未参加培训的农民工，说明教育水平较高的农民工更能意识到人力资本的重要性，参加政府培训的意愿要更强烈。参加政府培训农民工具有更高的省内跨市和市内跨县迁移比例，说明省内迁移农民工更多地参加政府开展的培训。作为排除变量的“区（县）培训率”在参加培训和未参加培训农民工群体中也存在显著差异，说明其与农民工政府培训的参与意愿存在较强的相关性。

表7-2　　　　**变量的统计描述**

变量	全部农民工	未参加培训农民工	参加培训农民工	均值差异
女性	0.4527	0.4491	0.4761	0.0270*
年龄	31.67	31.68	31.60	-0.08
已婚	0.7106	0.7073	0.7321	0.0248*
配偶随迁	0.6136	0.6116	0.6266	0.0150
随迁子女数	0.4473	0.4424	0.4788	0.0364*
未随迁子女数	0.4534	0.4637	0.3872	-0.0765***
小学或以下	0.1245	0.1322	0.0743	-0.0579***
初中	0.5432	0.5509	0.4936	-0.0573***
高中或中专	0.2573	0.2483	0.3156	0.0673***
大专或以上	0.0750	0.0686	0.1165	0.0479***
跨省	0.6543	0.6722	0.5385	-0.1337***
省内跨市	0.2767	0.2620	0.3716	0.1096***
市内跨县	0.0690	0.0658	0.0899	0.0241***
个体	0.1395	0.1400	0.1358	-0.0042
国有部门	0.0824	0.0733	0.1413	0.0680***

续表

变量	全部农民工	未参加培训农民工	参加培训农民工	均值差异
私营	0.5678	0.5765	0.5119	-0.0646***
外资企业	0.1830	0.1818	0.1908	0.0090
其他单位类型	0.0273	0.0284	0.0202	-0.0082
制造	0.5850	0.5991	0.4945	-0.1046***
建筑	0.0684	0.0710	0.0514	-0.0196**
批发零售住宿餐饮	0.1352	0.1361	0.1294	-0.0067
社会服务	0.0873	0.0801	0.1339	0.0538***
其他行业	0.1241	0.1138	0.1908	0.0770***
区（县）培训率	0.1341	0.1235	0.2020	0.0785***

注：***、**、*分别表示均值差异在1%、5%和10%的水平上显著。

7.4.2 政府培训对农民工就业福利影响的回归结果

1）普通最小二乘法下就业福利方程的估计结果

表7-3给出了就业福利方程普通最小二乘法的估计结果。从政府培训参与方程来看，年龄对政府培训参与的影响呈现倒U型关系，相较于年轻和年龄较大的农民工而言，中年农民工参加政府培训的积极性更高。相较于男性农民工参加政府培训的情况而言，处于就业弱势地位的女性农民工更希望通过政府培训提高劳动力市场竞争能力，因此参加政府培训的比例更高。教育水平越高的农民工越能发现人力资本的重要性，参与政府培训的意愿越强。体现家庭因素的四个变量对农民工参与政府培训没有显著影响，说明家庭因素并不是农民工参加政府培训的决定性因素。从迁移类型、行业和单位类型各变量系数估计情况可知，相较于跨省迁移农民工，省内跨市迁移农民工人力资本提升的意愿更强烈，参与政府培训的比例更高，国有部门和外资企业就业的农民工参加政府培训的比例要高于其他部门的农民工，社会服务行业的农民工参加政府培训的比例要高于其他行业的农民工。区（县）培训率较高的地区，农民工参加政府培训意愿也更强，说明区（县）培训率是合理的排除变量。

表7-3　　就业福利方程普通最小二乘法的估计结果

变量	就业稳定性	月工资收入	周均工作时间	养老保险参保	就业福利指数	培训参与
政府培训	0.1454***	0.0366***	-0.0330***	0.0929***	6.8071***	—
女性	0.0066	-0.2111***	-0.0302***	-0.001	-1.8111***	0.0193***
年龄	0.0796*	0.2849***	-0.1201***	0.2983***	11.5362***	0.1521***
年龄平方	-0.0098	-0.0428***	0.0153***	-0.0395***	-1.5915***	-0.0213***
初中	0.1017***	0.0742***	-0.0240***	0.0953***	5.2535***	0.0384***
高中或中专	0.1622***	0.1275***	-0.0810***	0.2064***	10.6501***	0.0595***
大专或以上	0.2245***	0.2467***	-0.1803***	0.3388***	18.3950***	0.0804***
已婚	0.0164	0.0971***	0.0200*	0.0111	1.9129**	-0.0025
配偶随迁	-0.0055	-0.0375***	-0.0310***	0.0414***	0.2612	0.0037
随迁子女数	-0.0166*	0.004	0.0057	-0.0037	-0.7347**	0.0047
未随迁子女数	-0.0058	0.0078	0.0259***	-0.0144*	-0.9480***	-0.01
省内跨市	0.0147	0.004	-0.0233***	0.0597***	2.0095***	0.0223**
市内跨县	-0.0089	-0.0775***	-0.0656***	0.0582***	0.6326	0.0218
个体	-0.0022	0.0451*	0.0710***	-0.0821***	-3.0265***	0.0175
国有部门	0.3106***	0.0660***	-0.0182	0.1965***	14.3638***	0.0539**
私营	0.1468***	0.0799***	0.0357**	0.0177	4.5938***	0.0331
外资企业	0.3112***	0.0671***	-0.0105	0.3555***	17.2396***	0.0453*
制造	0.1268***	-0.0032	0.0552***	0.0277*	2.9178***	-0.0204*
建筑	-0.1655***	0.1866***	0.0384***	-0.1354***	-5.2990***	-0.0340*
批发零售住宿餐饮	0.0142	-0.1171***	0.0238**	-0.0101	-2.2286***	-0.0337**
社会服务	-0.0442**	-0.0957***	0.0151	-0.0289	-3.5527***	0.0244*
城市变量	控制	控制	控制	控制	控制	控制
区（县）培训率	—	—	—	—	—	0.7221***
常数项	0.2751***	7.4297***	4.1273***	-0.2943***	20.2369***	—
R^2	0.1839	0.2413	0.1483	0.3195	0.4039	0.0998

注：月工资收入和周均工作时间均进行取自然对数处理；***、**、*分别表示变量的系数在1%、5%和10%的水平上显著。

政府培训对四个维度的就业福利指标都具有显著影响。相较于未参加政府培训的农民工，参加政府培训农民工的就业福利更具优势：在月工资收入上，后者比前者高3.66%，在就业稳定性和城镇职工养老保险的参保上，后者分别高出14.54个百分点和9.29个百分点，在周均工作时长上，后者比前者低3.30%，在就业福利指数上，后者比前者高6.81。根据其他解释变量的系数估计可知，就业福利受教育水平的影响尤为显著，与小学学历的农民工相比，获取大专及以上学历的农民工就业福利指数要高18.40，相当于农民工平均就业福利指数的37.33%。从每个具体的维度来看，教育水平都发挥了显著的正向作用，在增强就业稳定性、月工资收入和促进城镇职工养老保险参保的同时，降低了周均工作时间。从教育水平各变量的系数估计结果来看，教育对就业福利的影响呈现边际递增趋势。随着年龄的增加，农民工的就业稳定性、工资收入和养老保险参保率均呈现先增后减趋势，而周均工作时间呈现先减后增趋势，导致对就业福利指数的影响呈现先增后减趋势。已婚、配偶随迁、随迁子女数和未随迁子女数在不同的就业福利指标中具有不同程度的显著性，但从系数估计值来看，影响程度均较小，从而对整体就业福利指数的影响也较小。相较于跨省迁移农民工而言，省内跨市迁移农民工除工作时长较低外，还具有更高的养老保险参保率，由此具有更高的就业福利指数，而市内跨县迁移农民工尽管也具有更短的工作时长和更高的养老保险参保率，但却具有更低的收入水平，导致整体的就业福利指数并没有明显的优势。从单位类型各变量的系数估计来看，能够提供最佳就业福利的是外资企业，位居其后的是国有企业。从行业类型各变量的系数估计来看，农民工更易通过制造业获取更高的就业福利。

2）内生处理效应模型下就业福利方程的估计结果

采用普通最小二乘方法估计就业福利方程时并未考虑可观测因素对参加培训和未参加培训农民工就业福利影响的差异，也没有考虑由不可观测因素产生政府培训参与的自选择问题。表7-4分别给出了就业福利方程内生处理效应模型极大似然法和两阶段残差嵌入法的估计结果。与表7-3给出的结果对比可以发现，可观测因素对参加政府培训农民工和未参加政府培训农民工就业福利的影响方向与普通最小二乘法得到的结果基本一致，但在影响程度的大小上存在差异。体现就业福利方程不可观测因素和政府培训参与方程不可观测因素相关性的ρ_0和ρ_1以及β_0和β_1均显著为负，说明影响农民工就业福利的不可观测因素与影响政府培训参与的不可观测因素之间存在负相关关系，不可观测的就业能力就是典型的体现。相较于高就业能力的农民工而言，政府更多地将就业能力水平较低的农民工视作培训的重点对象，虽然提高了该类农民工参加政府培训的概率，但较低的就业能力也极易降低就业福利，因此，重视不可观测因素产生的自选择问题是正确判断政府培训对农民工就业福利最终影响的关键。从平均处理效应的估计结果来看，在极大似然法下，政府培训使农民工的就业福利指数增加16.55，两阶段残差嵌入法下，政府培训使农民工的就业福利指数增加22.67，以参加政府培训农民工的平均就业福利指数57为参照，政府培训使参加培训农民工的就业福利指数提升了0.41到0.66倍。

表7-4　　**就业福利方程内生处理效应模型的估计结果**

变量	极大似然法		两阶段残差嵌入法	
	未参加培训	参加培训	未参加培训	参加培训
女性	-1.6660^{***}	-4.4393^{***}	-1.8126^{***}	-4.2964^{***}
年龄	9.9564^{***}	12.9971^{**}	8.9054^{***}	14.2760^{***}
年龄平方	-1.3407^{***}	-2.0171^{***}	-1.1937^{***}	-2.2013^{***}
初中	5.1118^{***}	2.3614	4.8495^{***}	2.6813
高中或中专	10.4134^{***}	6.3023^{***}	9.9361^{***}	6.7715^{***}
大专或以上	18.1389^{***}	12.8623^{***}	17.4750^{***}	13.3987^{***}
已婚	1.4908^{*}	4.0281	1.4607^{*}	4.0848^{**}
配偶随迁	0.3427	−0.0372	0.2961	−0.0336
随迁子女数	-0.7935^{**}	−0.5480	-0.8232^{**}	−0.5551
未随迁子女数	-0.8308^{**}	−0.8387	-0.7567^{**}	−0.9073
省内跨市	1.7129^{***}	2.9534^{***}	1.5667^{***}	3.0538^{***}
市内跨县	0.6357	0.5253	0.6063	0.6158

续表

变量	极大似然法		两阶段残差嵌入法	
	未参加培训	参加培训	未参加培训	参加培训
个体	-3.6508	0.2117	-3.7693***	0.3842
国有	13.2161***	16.5047***	12.6834***	16.9423***
私营	3.6555***	8.6327***	3.4316***	8.8574***
外资	16.6682***	15.8704***	16.2228***	16.3427***
制造	3.5077***	1.9221	3.8120***	1.8143
建筑	-4.8049***	-5.5022***	-4.4181***	-5.7185***
批发零售住宿餐饮	-1.8629***	-0.7663	-1.5158*	-0.9726
社会服务	-3.4534***	-3.9821***	-3.6096***	-3.9058**
城市	控制	控制	控制	控制
常数项	22.4279***	34.0001***	24.2249***	30.1643***
ρ	-0.3691***	-0.2606**	—	—
β	—	—	-16.8973***	-6.3107*
ATT	16.5492***		22.6694**	

注：***、**、*分别表示变量的系数在1%、5%和10%的水平上显著。

表7-5给出了政府培训对四个就业福利维度影响平均处理效应的估计结果。极大似然法和两阶段残差嵌入法估计结果中体现政府培训参与方程与就业福利方程不可观测因素相关性的ρ与β均显著。对比两种方法得到的估计结果发现，相较于极大似然法，两阶段残差嵌入法所得平均处理效应要更大。结合各维度的估计结果来看，当农民工参加政府培训以后，与未参加培训时相比，就业稳定性增加54.01个百分点，月工资收入增加6.22%~8.18%，周均工作时间减少10.80%~11.39%，城镇职工养老保险参保率增加30.40个百分点。将平均处理效应的估计结果与普通最小二乘法得到的估计结果对比，可以看出后者明显低估了政府培训的效果。

3）回归结果的稳健性检验

结果的稳健性主要受到两方面因素的挑战：第一，假如农民工的受

表7-5 **政府培训对四个就业福利维度影响平均处理效应的估计结果**

估计方法	就业稳定性	月工资收入	周均工作时间	养老保险参保
极大似然法	——	$\rho_0 = -0.0575$ $\rho_1 = -0.3644^{**}$ $ATT = 0.0622$	$\rho_0 = 0.2037^{***}$ $\rho_1 = 0.1740^{**}$ $ATT = -0.1080^{***}$	——
两阶段残差嵌入法	$\beta_0 = -0.4215^{***}$ $\beta_1 = -0.0950$ $ATT = 0.5401^{***}$	$\beta_0 = -0.0492$ $\beta_1 = -0.1963^{**}$ $ATT = 0.0818$	$\beta_0 = 0.0869^{*}$ $\beta_1 = 0.0599$ $ATT = -0.1139^{**}$	$\beta_0 = -0.2226^{**}$ $\beta_1 = 0.1361$ $ATT = 0.3040^{***}$

注：两种方法下月收入回归中的ATT尽管不显著，但概率值都接近于10%；在应用极大似然法估计就业稳定性和养老保险参与方程时并未得到收敛的结果，原因在于二者为离散的二元变量导致；***、**、*分别表示系数在1%、5%和10%的水平上显著。

雇就业决策受到就业福利的反向影响，此时仅选取受雇农民工作为分析样本，必然存在样本选择偏误。这种情况下，需借助Heckman两阶段法对受雇就业决策导致的样本选择偏误进行调整，首先，估计受雇就业决策方程，得到逆米尔斯比，之后，在就业福利方程中引入逆米尔斯比作为新的解释变量，重新进行普通最小二乘估计。Heckman两阶段法下就业福利方程的估计结果在表7-6中给出，可以发现，政府培训变量系数的估计结果与普通最小二乘方法得到的估计结果在数值上相差甚微，因此估计结果并未因样本选择问题而发生明显改变。

表7-6 **Heckman两阶段法下就业福利方程的估计结果**

变量	就业稳定性	月工资收入	周均工作时间	养老保险参保	就业福利指数
政府培训	0.1454^{***}	0.0362^{***}	-0.0332^{***}	0.0930^{***}	6.9411^{***}
女性	0.0057	-0.2031^{***}	-0.0278^{***}	-0.002	-1.5602^{***}
年龄	0.0830^{*}	0.2523^{***}	-0.1298^{***}	0.3023^{***}	14.6512^{***}
年龄平方	-0.0102	-0.0394^{***}	0.0163^{***}	-0.0399^{***}	-1.9649^{***}
初中	0.1020^{***}	0.0711^{***}	-0.0249^{***}	0.0957^{***}	6.1463^{***}
高中或中专	0.1617^{***}	0.1320^{***}	-0.0797^{***}	0.2058^{***}	12.0251^{***}
大专或以上	0.2227^{***}	0.2636^{***}	-0.1753^{***}	0.3367^{***}	19.9429^{***}

续表

变量	就业稳定性	月工资收入	周均工作时间	养老保险参保	就业福利指数
已婚	0.0151	0.1090***	0.0235**	0.0096	1.3496
配偶随迁	-0.0019	-0.0724***	-0.0414***	0.0458**	1.0774
随迁子女数	-0.0147	-0.0138	0.0004	-0.0015	-0.5586
未随迁子女数	-0.0059	0.0087	0.0262***	-0.0145*	-0.8909**
省内跨市	0.0151	-0.0001	-0.0246***	0.0602***	2.3257***
市内跨县	-0.0082	-0.0844***	-0.0676***	0.0591***	1.5966*
个体	-0.0023	0.0458*	0.0712***	-0.0822***	-2.9100**
国有部门	0.3104***	0.0675***	-0.0177	0.1963***	13.7034***
私营	0.1467***	0.0813***	0.0361**	0.0175	4.3152***
外资企业	0.3111***	0.0676***	-0.0104	0.3554***	17.5673***
制造	0.1268***	-0.0031	0.0553***	0.0277*	2.8329***
建筑	-0.1656***	0.1874***	0.0386***	-0.1355***	-6.2375***
批发零售住宿餐饮	0.014	-0.1154***	0.0243**	-0.0104	-1.5721**
社会服务	-0.0444**	-0.0942***	0.0156	-0.0291	-3.1183***
城市变量	控制	控制	控制	控制	控制
逆米尔斯比	-0.0122	0.1158***	0.0346	-0.0145	-0.0611
常数项	0.2704***	7.4746***	4.1407***	-0.2999***	16.8137***
R^2	0.184	0.2424	0.1548	0.3215	0.3714

注：受雇就业方程的解释变量包含了政府参与培训方程中除企业类型和行业外的其他所有解释变量；***、**、*分别表示变量的系数在1%、5%和10%的水平上显著。

第二，分析中对就业福利方程进行了线性化处理，假定政府培训和其他各因素对就业福利的影响是线性的。如果线性假定不满足，并且参加政府培训和未参加政府培训农民工在就业福利的可观测影响因素上存在显著的差别，政府培训对就业福利影响的估计结果会因线性假定而产生偏差。这种情形下，可通过倾向分匹配法分析政府培训对就业福利的影响进而检验估计结果对模型设定的稳健性。倾向分匹配法无须事前设定就业福利方程的形式，是典型的非参数估计方法，并且能够将参加政府培训和未参加政府培训农民工的特征相近者实现匹配，规避可观测特征异质性对估计结果的影响，但无法规避不可观测特征异质性对估计结果产生的影响，所以若匹配方法与普通最小二乘法所得估计结果差别不大，可以为就业福利方程的线性设定给予支持。表7-7给出了倾向分匹配方法下政府培训对就业福利影响平均处理效应的估计结果。尽管在每种设定下平均处理效应估计结果并不完全相同，不过将这种处理效应的估计结果求均值后可以发现，其与OLS方法得到的估计结果较为接近，说明就业福利方程的线性形式设定并没有对估计结果产生明显的偏误。

表7-7 **倾向分匹配方法下政府培训对就业福利影响平均处理效应的估计结果**

匹配方法	参数	月工资收入	周均工作时间	就业稳定性	养老保险参保	就业福利指数
一对一匹配	Caliper=0.001	0.0304***	−0.0259***	0.1261***	0.0745***	5.8055***
	Caliper=0.005	0.0226***	−0.0288***	0.1259***	0.0786***	5.8739***
	Caliper=0.01	0.0228***	−0.0292***	0.1205***	0.0816***	5.8192***
一对多匹配	n=2	0.0255***	−0.0313***	0.1202***	0.0890***	6.0644***
	n=5	0.0257***	−0.0261***	0.1182***	0.0862***	5.8528***
半径匹配	Caliper=0.005	0.0272***	−0.0306***	0.1283***	0.0816***	6.0893***
	Caliper=0.01	0.0272***	−0.0311***	0.1224***	0.0873***	6.0919***
	Caliper=0.05	0.0275***	−0.0329***	0.1234***	0.0874***	6.1554***

注：***、**、*分别表示处理效应在1%、5%和10%的水平上显著。

7.4.3 政府培训对农民工就业福利影响的代际差异

农民工是异质性较强的群体，存在显著的代际异质性，农民工的老一代群体与新生代群体之间有显著差别，而政府培训在两者就业福利中所发挥的作用是否存在差别呢？给出这一问题的答案能够使政府培训政策的实施更具针对性。为此，以出生年份1980年作为分界线，将该年及以后出生的农民工作为新生代农民工，将该年之前出生的农民工作为老一代农民工，针对两代农民工群体分别进行分析，得到政府培训影响就业福利的代际差异。表7-8给出了政府培训对两代农民工就业福利影响平均处理效应的估计结果。政府培训使两代农民工的就业福利指数都得到显著改善，但鉴于极大似然法和两阶段残差嵌入法在两代群体中得到的估计结果趋势相反，无法准确确定就业福利指数提升的代际差异。综合四个就业福利维度平均处理效应的估计结果可以发现，虽然政府培训能够为新生代农民工带来更高的工资收入，但在老一代农民工群体中并没有产生明显的作用，能够减少老一代的周均工作时间，但对新生代的周均工作时间产生的缓解作用不明显。采用极大似然法在两代农民工就业稳定性方程和养老保险参与方程的估计中依然没有得到收敛的结果，但从残差嵌入法的估计结果可以看出，政府培训在提高新生代农民工群体城镇职工养老保险参保上发挥了更大的作用，在提升两代农民就业稳定性上发挥的作用较为接近。

表7-8　**政府培训对两代农民工就业福利影响平均处理效应的估计结果**

就业福利指标	老一代农民工		新生代农民工	
	极大似然法	两阶段残差嵌入法	极大似然法	两阶段残差嵌入法
就业稳定性	—	0.5278***	—	0.5417***
月工资收入	0.0068	-0.0331	0.1143***	0.1835**
周工作时间	-0.1774***	-0.1629***	-0.0464	-0.0542
养老保险	—	0.1550**	—	0.3879***
就业福利指数	27.7102***	19.6570***	18.1891***	26.1659**

注：***、**、*分别表示变量的系数在1%、5%和10%的水平上显著。

7.5 本章的结论与启示

针对农民工就业处于弱势地位，就业福利水平较低的现实，政府加大财政资金投入，开展了不同形式的职业技能培训项目，客观评价政府培训项目的效果，能够及时发现项目开展中存在的问题，提升项目实施的效率。本章依据国家卫生健康委2013年度的流动人口动态监测社会融合的专题调查数据，构建了内生处理效应模型，深入分析了政府培训对农民工就业福利的影响。研究结果表明：一是，政府培训的参与存在基于不可观测因素的自选择问题，那些就业能力较低的农民工更倾向选择参加政府培训，忽略自选择问题将会低估政府培训在农民工就业福利改善上的效果。二是，参加政府培训的农民工相较于其未参加政府培训的情形而言，获得稳定就业的可能性增加约54.01个百分点，月工资收入增加6.22%~8.18%，周均工作时间减少10.80%~11.39%，城镇职工养老保险参保率上升30.40个百分点，就业福利指数得到明显改善，提升0.41至0.66倍。三是，按代际来看，政府培训对新生代农民工、老一代农民工的就业稳定性和养老保险参保都具有显著的影响，缓解了老一代农民工的过度劳动，增加了新生代农民工的月工资收入。

本章的研究结果表明，政府培训在农民工就业福利改善上具有明显的效果，能够增强就业稳定性、增加工资收入、缓解过度劳动和保证社会保障的获得。农村地区长时期基础教育投入的不足导致农民工的教育水平不高，在这种情形下，提升农民工的就业层次、改善农民工的就业福利并最终使其实现市民身份的转变，需要政府职业技能培训项目发挥出更大的积极作用。从财政来看，各地政府需持续加大农民工职业技能培训项目的投入力度，增加项目的覆盖面积，为农民工特别是低技能农民工和市民化意愿较强的新生代农民工提供更多的职业技能提升机会。除加大投入力度外，还应注重项目开展的准度，培训项目的类别需要与地区经济发展的特点充分结合，使农民工获得的技能更符合地区产业的发展。最后，应不断创新职业技能培训的形式，利用多样化的培训形式不断优化职业技能培训项目的实施效果，从而能够有效打破农民工群体固有的人力资本禁锢，使农民工群体既能够积极应对经济结构的不断转型，也能够符合地区经济发展的需要。

8 农民工的就业途径对就业稳定性的影响

农民工寻找工作的途径主要分为三种：关系网络、直接应聘和中介机构。关系网络是通过家人、亲戚、朋友的介绍与雇主取得联系获得就业的方式；直接应聘是参加用工企业举行的招聘会，通过用工企业发布的招聘广告直接与雇主取得联系获得就业的方式；中介机构是借助已获知企业用工需求的互联网和广告公司等媒体中介、商业实体中介和政府的公共就业服务部门，与雇主取得联系获得就业的方式。受到劳动力市场分割的影响，农民工的就业途径以关系网络为主，而通过直接应聘和中介机构途径就业的比例较低。从微观层面来看，依据搜寻匹配理论，就业途径的不同必将影响农民工与用工企业岗位的匹配质量，从而影响就业稳定性和生产效率；从宏观层面来看，农民工与用工企业较好的匹配会提升经济整体的劳动生产率，促进经济增长。本章将分析的焦点聚集在微观层面上，考察哪些因素会驱使农民工选择不同的就业途径，通过不同途径就业的农民工，在就业稳定性和工资上存在怎样的差异。[①]

---

① 由于就业途径主要影响农民工与用工企业的匹配程度，匹配质量的高低会影响农民工的生产效率和雇佣关系的稳定程度，因此，本章主要关注体现生产效率的工资收入和体现雇佣关系稳固程度的就业稳定性，不再考察工作时间和社会保障。事实上，实证结果也表明就业途径并没有对这两个维度的就业福利产生影响。

8.1 就业途径影响就业福利的研究成果与评论

对于求职者而言，从亲友那里了解用工企业的各方面信息是成本较低并且较为可靠的途径，对用工企业而言，如果认可当前雇佣劳动力的生产状态，也更倾向于雇佣他们所推荐的亲戚、朋友和熟人，因为这些人可能具有同样的生产力，因此，关系网络成为求职者就业的主要途径之一（Simon和Warner，1992；Garth，1985）。已有研究表明，社会关系网络对求职者获得就业机会具有正向影响，但对就业福利的影响并没有得出一致的结论。一些研究认为求职者可以从关系网络中获得更多关于特定工作的信息，减少与雇主间匹配的不确定性，达成更好的匹配（Mortensen和Vishwanath，1994）。然而，另外一些研究却认为求职者采用关系网络寻找工作，间接地向雇主表明了较低的人力资本水平，这会对工资产生负向影响（Antoninis，2006）。此外，有限选择信号理论也认为通过关系网络寻找工作的求职者给雇主发出有限工作选择的信号，雇主会认为求职者是因为在竞争激烈的劳动力市场无法生存，才会通过关系网络寻找工作，因此只会让这些求职者也从事需要较低技能的工作（Loury，2006）。关系网络在农村劳动力迁移过程中所发挥的重要作用已得到普遍的认可，已有研究发现农村劳动力更有可能迁移到有很多早期移民的城市地区（Meng，2000；Zhao，2003）。De Brauw和Giles（2017）利用2001年的中国城市劳动力调查也发现，90%以上的农村-城市移民都是以有家乡熟人的地区为迁移目的地，甚至半数以上的移民在迁移之前就已经找到了工作。

互联网等媒体、商业实体以及政府的就业服务部门等中介机构不仅提供了大量的企业招聘信息，还会对求职者进行初步的筛选，并把经过筛选的求职者推荐给用工企业。中介机构不仅能够影响到用工企业的招聘策略、求职者的就业状况，甚至可以影响到区域劳动力市场的运行状况（Benner，2003；Fougère等，2008）。不同的求职者会通过不同的中介机构寻找工作，不同的中介机构也会影响到求职者的工作搜索效率，甚至是就业福利的好坏（Heinrich等，2005）。发达国家的经验研究表明，工作经验较少、市场竞争能力不强、没有建立起帮助性关系网络的求职者更倾向于通过中介机构寻找工作，比如女性、年轻、低技能和家庭背景较差的求职者（Heinrich等，2005）。然而，与发达国家的劳动力市场不同，制度性安排在中国的劳动力市场中扮演了重要的角色，其影响体现在工作搜寻、工作转换和就业福利等方面。农民工并不具有城镇户口，整体技能水平较低，采用互联网媒体中介和商业实体中介寻找工作的意愿不强，政府的就业服务部门更多服务于城镇本地居民，这些因素使农民工更多通过关系网络获得工作，而通过中介机构获得工作的比例不高。Niu等（2016）采用上海地区的农民工调查数据发现，上海地区大约有一半的农民工通过关系网络就业，只有29%的农民工通过中介机构获得就业。

尽管就业途径对求职者和雇主的匹配具有重要影响，并且在求职者就业后的福利上也发挥着重要的作用，但关于中国劳动力市场中就业途径影响就业福利的经验研究却并不多见，Zhao（2003）将其归因于“统计方法的不充分和数据的缺乏”。由于关系网络是农民工寻找工作时采用的主要方式，因此针对农民工群体的经验研究主要聚焦在关系网络对农民工就业福利的影响上。Chen等（2017）的研究表明，如果农民工通过关系网络获得工作，他们的收入水平要更低，原因在于关系网络的负向信号作用，以及农民工在搜寻效率和工资之间的权衡考虑。陆文聪和谢昌财（2017）以及卓玛草和孔祥利（2016）的研究却表明，关系网络对农民工的收入具有正向影响。因此，关系网络在农民工就业收入以及就业稳定性方面所发挥的作用还需进一步探讨。此外，中介机构在农民工的就业收入和就业稳定性中究竟发挥了多大程度的作用，已有研究并没有给予充分的关注，经验研究成果较为鲜见。

搜寻匹配理论表明，如果劳动力的人力资本与工作岗位所需要的技能实现较好的匹配，劳动力的生产率便能够实现最大化，这种情况下，劳动力可以获得较好的就业福利，用工企业能够获得较高的利润，双方就愿意继续维持雇佣关系，劳动力就能实现稳定的就业（Pissarides，2000；Mortensen，2011）。本章依据国家卫生健康委2016年的流动人口动态监测调查数据，采用多项Logit模型分析农民工就业途径选择的影响因素，并进一步采用Dubin和McFadden（1984）提出的多元选择偏差的校正方法，分析就业途径对农民工就业稳定性和工资收入的影响。本章的贡献主要体现在三个方面：首先，对农民工就业途径选择影响因素的分析能够使我们更加完整地理解农民工就业的搜寻过程；其次，关于就业途径对农民工就业福利影响的分析能够使我们更深刻地理解不同就业途径在农民工和用工企业匹配上所发挥的作用；最后，本章的研究结论能够从劳动力市场运行效率的视角给出进一步提升农民工就业稳定性的建议。

8.2 农民工的就业途径对就业稳定性影响的理论分析

受到城乡二元体制分割、人力资本偏低等因素的影响，农民工与用工企业之间面临较高的信息不对称程度，较难实现理想的匹配。不同的就业途径会影响农民工与工作岗位的匹配程度，进而影响农民工的就业福利。本节依据工作搜寻匹配理论建立就业途径与农民工就业福利之间的联系。

假设进入城市工作的农民工数量为Q，用工企业对农民工提供的岗位数量为A。在标准的劳动搜寻模型中，匹配的工作岗位数量由匹配函数$m(\cdot)$决定。用M表示工人和企业成功匹配的数量，可以得到$M = m(Q, A)$。匹配函数$m(\cdot)$具有规模收益不变的性质，即$m\left(xQ, xA\right) = xm\left(Q, A\right)$。不同的就业途径具有不同的匹配效率，定义匹配效率$\alpha$，含义是在M个成功匹配的岗位上，实现理想匹配的工作岗位比例，那么$\alpha M = \alpha m\left(Q, A\right)$即为理想匹配的工作岗位数量，用P表示实现理想匹配的概率，可以得到$P = \alpha m(Q, A)/Q = \alpha m\left(1, A/Q\right)$，P取决于A/Q和$\alpha$，A/Q衡量了劳动力市场的张紧程度，主要取决于宏观环境。在宏观环境没有发生明显改变的情况下，匹配效率α的大小直接影响农民工与用工企业岗位实现理想匹配的概率，进而影响农民工的就业稳定性和工资收入。关系网络、中介机构和直接应聘三种途径中，哪种途径的匹配效率α更高，从而能够更好地促进农民工就业的稳定和工资收入的增加，这即是本章关注的焦点。

在劳动力市场中，用工企业和农民工各自掌握的信息不同，信息不对称的现象普遍发生。农民工与用工企业之间的信息不对称主要表现在：农民工对用工企业的工作岗位、薪酬、医疗福利、工作强度、工作环境和劳动合同管理等信息掌握不全面，而用工企业同样不了解农民工的信息，比如技能水平是否符合岗位要求，所提供的工资是否能达到或超过农民工的保留工资等。正是由于信息的不对称性，劳动力供求双方才有动力通过不同就业途径展开信息的搜寻。任何一种就业途径都存在搜寻成本，农民工会在既定成本约束下选择最适合自己的就业途径。

假说1：受成本约束的限制，不同特征的农民工会通过不同的就业途径实现就业。

就首次进入城市工作的农民工而言，从农村到城市工作涉及居住地点的空间转移，会产生较高的迁移成本，他们往往也不愿意承担盲目进入城市而无法工作的风险，因此，通过有外出务工经验的亲友介绍，了解工作环境等有关用工企业的信息，是成本较低并且较为可靠的途径。就已经在城市工作的农民工而言，关系网络这种成本较低的途径也是工作转换过程中的首要选择。另一方面，如果用工企业认可当前雇佣农民工的生产能力，就更倾向于雇佣其所推荐的亲戚、朋友和熟人，因为这些人可能具有同样的生产力（Simon和Warner，1992；Saloner，1985）。然而，依据Loury（2006）提出的有限选择理论，通过关系网络寻找工作的农民工会向用工企业发出有限机会选择的信号，即用工企业认为通过关系网络寻找工作的农民工在劳动力市场中只有有限的工作机会选择，无法参与市场竞争，这种情况下用工企业会尽可能压低农民工的就业福利。

假说2：关系网络是农民工采用最多的就业途径，能够降低农民工与用工企业之间的信息不对称性，但其所发出的有限机会选择信号又可能会降低农民工的就业稳定性和工资收入。

通过直接应聘途径寻找工作的农民工能够与用工企业进行面对面的交流和议价，不会发出有限机会选择信号，用工企业不会压低其就业福利，并且这些农民工通常具有一定的劳动力市场经验和技能，对用工企业能够进行甄别，获得相对较好的就业福利。中介机构在劳动力市场中的作用不断上升（曾湘泉，2009），能够针对不同技能的农民工提供不同的工作岗位信息，有效降低信息的不对称程度，实现农民工技能与工作岗位的准确匹配，并增强匹配的效率和稳定性，从而提升农民工的就业福利。然而，中介机构类型种类较多（王剑和陈蓝蓝，2009），各种中介机构在农民工就业福利中所发挥的作用并不相同。

假说3：相对于关系网络，通过直接应聘和中介机构途径就业的农民工能够实现更稳定的就业并获得更高的工资收入，但不同的中介机构在农民工就业稳定性和工资收入上发挥作用的程度存在差异。

8.3 农民工的就业途径与就业稳定性的统计分析

本章分析所采用的数据来自国家卫生健康委2016年全国流动人口动态监测。由于分析焦点为农民工，因此将样本限定为户口性质为农业户口、流动原因为“务工/工作”或“经商”的流动人口，并进一步将分析的对象限定为就业身份为受雇的农民工，去除掉就业身份为“雇主”、“自营劳动者”和“家庭帮工”的农民工。

核心解释变量是农民工的就业途径，来自于调查中“你目前的工作是通过什么途径获得的?”这一问题，回答选项分为11类别。将这11个选项进行归类划分，其中，关系网络包括“家人”“同乡”“亲戚”“朋友”四类；中介机构包括“互联网”“报纸、杂志、小广告等社会媒体”“社会中介”“政府部门”四类；直接应聘包括“企业/老板招聘”“自主就业”“其他”三类。被解释变量就业稳定性采用合同类型界定，将劳动合同类型为“有固定期限”和“无固定期限”的两类就业界定为稳定就业，其他类型界定为非稳定就业。工资收入采用农民工的月工资收入衡量。

表8-1给出了不同就业途径下农民工就业稳定性和工资收入的统计描述。从样本的分布来看，通过直接应聘途径就业的农民工占比为29.5%，通过中介途径就业的农民工占比为12.8%，通过社会关系网络途

径就业的农民工占比最高，为57.7%。关系网络仍然是农民工就业的主要途径。从就业稳定性和月工资收入来看，通过关系网络途径就业的农民工具有最低的稳定就业比和最低的月工资收入，而通过中介途径就业的农民工具有最高的稳定就业比和最高的月工资收入，对于通过直接应聘途径就业的农民工而言，他们的稳定就业比和月工资收入则处于中间水平。在考虑工作时间的影响后，小时工资呈现出了与月工资收入相同的结果，依然是通过中介途径就业的农民工最高，通过关系网络途径就业的农民工最低。统计结果表明，通过三种途径就业的农民工在就业稳定性和工资收入上存在显著差异，但包括教育水平在内的多种可观测因素都会影响农民工的就业稳定性和工资收入，并且影响农民工就业途径选择的不可观测因素也可能会影响就业稳定性和工资收入，因此，就业途径对就业稳定性和工资收入的影响需要通过建立回归模型加以分析。

表8-1 不同就业途径下农民工就业稳定性和工资收入的统计描述

变量	关系网络		直接应聘		中介机构		全部	
	均值	标准差	均值	标准差	均值	标准差	均值	标准差
就业稳定性	0.54	0.50	0.64	0.48	0.74	0.44	0.59	0.49
月工资收入	3 370.56	1 542.44	3 533.75	1 712.09	3 764.23	1 839.27	3 469.07	1 639.60
周均工作时间	52.70	14.13	52.12	13.98	48.53	12.11	51.99	13.91
小时工资	18.08	15.33	19.32	16.77	21.55	17.79	18.89	16.14
样本数量	33 879		17 295		7 517		58 691	

注：小时工资＝月工资收入/（周均工作时间*4.5）。

8.4 农民工的就业途径对就业稳定性影响的回归分析

8.4.1 回归模型的设定与分析策略

这一节以就业稳定性作为被解释变量阐述模型的设定和分析策

略，工资收入模型的设定与此类似，只需将被解释变量替换为工资收入对数即可。对于通过途径k就业的农民工i而言，其就业稳定性Y_{ik}表示为：

$$Y_{ik}=f(X_{ik},\ \varepsilon_{ik}) \tag{8.4.1}$$

其中，k表示就业途径的分类变量，分别为关系网络、直接应聘和中介机构，对应的取值为1、2、3；X_{ik}表示影响农民工就业稳定性的可观测特征，ε_{ik}表示影响就业稳定性的不可观测特征，其方差与就业途径有关，$Var(\varepsilon_{ik}|X_{ik})=\sigma_k^2$。将式（8.4.1）线性化可以得到就业稳定性方程：

$$Y_{ik}=\beta_k'X_{ik}+\varepsilon_{ik} \tag{8.4.2}$$

式（8.4.2）的估计需要考虑就业稳定性对就业途径选择的反向影响所产生的样本选择问题。由于就业途径是三分类变量，采用Dubin和McFadden（1984）提出的基于多元选择的偏差校正方法估计就业稳定性方程。该方法分为两个阶段：第一阶段使用多项Logit模型估计农民工选择某项就业途径的概率，第二阶段基于多项Logit模型的回归结果生成偏差校正项，并将其加入就业稳定性方程重新进行回归。

具体来看，第一阶段使用多项Logit回归估计就业途径选择方程：

$$U_{ik}=\gamma_k'Z_i+v_{ik} \tag{8.4.3}$$

$$P_{ik}=Pr(U_{ik}\geqslant U_{ij},\ \forall j\neq k)=\frac{\exp(\gamma_k'Z_i)}{\sum_{j=1}^{3}\exp(\gamma_j'Z_i)} \tag{8.4.4}$$

其中，U_{ik}表示农民工i选择就业途径k时的效用水平，v_{ik}表示影响效用水平的不可观测因素，P_{ik}表示农民工i选择就业途径k的概率，Z_i表示影响就业途径k选择概率的可观测个体特征，γ_k表示随就业途径选择而改变的参数。

利用式（8.4.4）计算农民工各种就业途径的选择概率，可以得到校正样本选择偏差的校正项为：

$$\lambda_{ikj}=\frac{P_{ij}\ln P_{ij}}{1-P_{ij}}+\ln P_{ik},\ j=1,\ 2,\ 3,\ j\neq k \tag{8.4.5}$$

式（8.4.5）表明不管农民工i通过哪项途径就业，都会有两项校正项，将其简化表示为λ_{ik}^1和λ_{ik}^2。校正样本选择偏差后，通过途径k就业的农民工i的就业稳定性方程可以表示为：

$$Y_{ik} = \beta_k^{*'} X_{ik} + r_{1k}\lambda_{ik}^1 + r_{2k}\lambda_{ik}^2 + \eta_{ik} \tag{8.4.6}$$

为得到就业途径对农民工就业稳定性的影响，进一步约束就业稳定性的影响因素对不同途径就业农民工所发挥的作用相同，可以得到就业稳定性方程为：

$$Y_i = \alpha_1 D_{i1} + \alpha_2 D_{i2} + \beta' X_i + r_1\lambda_i^1 + r_2\lambda_i^2 + \mu_i \tag{8.4.7}$$

其中，D_{i1}和D_{i2}分别表示农民工i是否通过直接应聘和中介机构就业的虚拟变量，α_1和α_2分别反映通过直接应聘和中介机构途径就业农民工与通过关系网络就业农民工的就业稳定性差异。为得到就业稳定性方程的准确估计结果，就业途径选择方程应包含不在就业稳定性方程出现的变量，即应满足排除约束条件。

在控制变量上，就业稳定性方程和工资收入方程包含了体现农民工人力资本特征的年龄和教育水平，体现需求方因素的就业行业和单位类型，体现家庭特征的是否已婚、配偶是否随迁、随迁子女数和未随迁子女数，体现农民工迁移特征的迁移类型，体现性别差异的性别虚拟变量，体现地区差异的地区变量①。就业途径方程包含了就业稳定性方程中除行业和单位类型外的所有变量，并且为满足排除约束条件，还包含了父母是否有外出务工经历的虚拟变量（以下简称“父母外出务工”）作为排除变量。

表8-2给出的变量的统计描述表明，在通过关系网络和直接应聘两种途径就业的农民工中女性比例偏低，在通过中介途径就业的农民工中男女比例相当；通过关系网络途径就业的农民工的平均年龄最高，而通过中介途径就业的农民工的平均年龄最低；通过关系网络途径就业的农民工的教育水平最低，通过中介途径就业的农民工的教育水平最高；通过三种途径就业的农民工在家庭特征、迁移类型、就业后的行业分布和单位类型分布上存在差异，说明这些变量都可能会影响农民工的就业稳定性和工资收入。最后，父母具有外出务工经历的比例在三种途径就业的农民工中存在显著差异，说明父母具有外出务工经历会影响农民工的就业途径选择。

① 由于省份固定效应属于高维固定效应，多项Logit模型的估计结果无法达到收敛，因此，本章的分析仅控制体现区域差异的东、中、西部虚拟变量。

表8-2 **变量的统计描述**

变量	关系网络		直接应聘		中介机构		全部	
	均值	标准差	均值	标准差	均值	标准差	均值	标准差
性别	0.41	0.49	0.42	0.49	0.49	0.50	0.42	0.49
年龄	34.29	9.85	33.66	9.01	30.71	7.82	33.65	9.44
小学及以下	0.15	0.36	0.13	0.33	0.05	0.22	0.13	0.34
初中	0.55	0.50	0.44	0.49	0.31	0.46	0.49	0.50
高中	0.22	0.42	0.23	0.42	0.29	0.45	0.23	0.42
大专及以上	0.07	0.26	0.19	0.40	0.35	0.48	0.14	0.35
制造业	0.30	0.46	0.35	0.48	0.29	0.45	0.31	0.46
建筑业	0.13	0.34	0.09	0.28	0.04	0.20	0.11	0.31
批发零售、住宿餐饮	0.23	0.42	0.20	0.40	0.20	0.40	0.22	0.41
居民服务	0.15	0.35	0.12	0.33	0.12	0.32	0.13	0.34
其他行业	0.19	0.39	0.25	0.43	0.36	0.48	0.23	0.42
个体	0.25	0.43	0.18	0.38	0.14	0.35	0.21	0.41
国有部门	0.09	0.29	0.11	0.32	0.14	0.34	0.10	0.30
私营	0.47	0.50	0.51	0.50	0.49	0.50	0.49	0.50
外资企业	0.05	0.22	0.07	0.26	0.12	0.32	0.06	0.25
其他单位类型	0.14	0.34	0.14	0.34	0.11	0.32	0.13	0.34
东部	0.59	0.49	0.57	0.50	0.66	0.47	0.59	0.49
中部	0.14	0.35	0.15	0.35	0.14	0.35	0.14	0.35
西部	0.27	0.44	0.29	0.45	0.20	0.40	0.26	0.44
已婚	0.72	0.45	0.76	0.43	0.65	0.48	0.72	0.44
配偶随迁	0.58	0.49	0.64	0.48	0.55	0.50	0.60	0.49
随迁子女数	0.50	0.73	0.57	0.74	0.43	0.64	0.51	0.72
未随迁子女数	0.04	0.22	0.04	0.21	0.02	0.14	0.04	0.21
省内跨市	0.31	0.46	0.33	0.47	0.36	0.48	0.33	0.47
市内跨县	0.15	0.35	0.17	0.38	0.14	0.35	0.15	0.36
父母外出	0.22	0.41	0.21	0.40	0.25	0.44	0.22	0.41

8.4.2 就业途径选择影响因素的回归结果

表8-3给出了就业途径选择影响因素的多元Logit回归结果。可以发现，不同特征的农民工在三种就业途径的选择上具有明显的差异，因此本章提出的假说1被证实。从性别和年龄来看，相较于男性农民工，女性农民工更多选择通过中介机构途径就业，更少选择通过关系网络途径就业；年龄对农民工就业途径选择的影响存在二次效应，缺乏劳动力市场经验的年轻农民工更愿意借助关系网络途径就业，那些年龄超过临界值（约为30岁）的农民工，由于已经具备了一定的劳动力市场经验，他们更多地通过直接应聘和中介机构途径就业。

表8-3 就业途径选择影响因素的多元Logit回归结果

变量	关系网络	直接应聘	中介机构
性别	-0.023^{***}	0.000	0.023^{***}
年龄	-0.107^{***}	0.053^{***}	0.054^{***}
年龄平方	0.017^{***}	-0.008^{***}	-0.010^{***}
初中	-0.010	-0.023^{***}	0.033^{***}
高中	-0.109^{***}	0.007	0.102^{***}
大专或以上	-0.339^{***}	0.145^{***}	0.194^{***}
已婚	0.014^{*}	0.020^{***}	-0.034^{***}
配偶随迁	-0.069^{***}	0.035^{***}	0.034^{***}
随迁子女数	-0.005	0.014^{***}	-0.009^{***}
未随迁子女数	-0.008	0.023^{**}	-0.014
省内跨市	-0.004	0.001	0.003
市内跨县	-0.028^{***}	0.033^{***}	-0.005
父母外出务工	0.016^{***}	-0.018^{***}	0.002
东部	-0.015^{***}	-0.030^{***}	0.045^{***}
中部	0.005	-0.032^{***}	0.027^{***}

注：***、**、*分别表示变量的系数在1%、5%和10%的水平上显著。

从教育水平来看，随着教育水平的提高，农民工选择通过关系网络途径就业的可能性下降，而选择通过直接应聘和中介机构途径就业的可能性增加，尤其是选择中介机构途径就业的可能性与教育水平的正向趋势更为明显。相较于教育水平为小学及以下的农民工，教育水平为初中、高中和大专以上的农民工通过中介机构就业的可能性分别增加3.3个百分点、10.2个百分点和19.4个百分点。

从其他变量的系数估计来看，相较于单身农民工，已婚并且配偶未随迁的农民工通过直接应聘途径就业的可能性更高，但通过关系网络途径就业的可能性更低，随迁子女数和未随迁子女数都能促使农民工通过直接应聘途径就业。相较于跨省迁移的农民工，市内跨县迁移农民工选择直接应聘途径就业的可能性更高，但选择关系网络途径就业的可能性更低。迁移距离的增加使农民工就业过程中的信息不对称程度增加，为能够降低这种信息不对称性，提高就业效率，农民工更愿意选择通过关系网络途径获取就业信息。

最后，作为排除变量的父母外出务工增加了农民工通过关系网络途径就业的可能性，降低了通过直接应聘途径就业的可能性，说明父母外出务工经历所带回的就业信息能够为子女的就业提供帮助，也说明了其作为排除变量的合理性。

8.4.3 就业途径对就业稳定性影响的回归结果

1）基本回归结果分析

表8-4给出了就业途径对就业稳定性和工资收入影响的回归结果。从校正选择偏差后的回归结果来看，偏差校正项的系数显著，说明校正就业途径产生的样本选择偏差问题是合理的。校正选择偏差后，就业稳定性方程直接应聘的系数估计明显增大，工资方程直接应聘和中介机构的系数也明显增加，说明农民工选择关系网络途径就业是正向选择，即促使农民工选择关系网络途径就业的不可观测因素对就业稳定性和工资收入也具有正向影响，OLS低估了直接应聘在增强农民工就业稳定性上的作用，低估了直接应聘和中介机构在增加农民工工资收入中所发挥的作用。

表8-4　　就业途径对就业稳定性和工资收入影响的回归结果

变量	OLS		校正选择偏差	
	就业稳定性	月工资收入	就业稳定性	月工资收入
直接应聘	0.028***	0.005	0.053***	0.037***
中介机构	0.055***	0.031***	0.046***	0.060***
性别	-0.006	-0.235***	-0.011***	-0.237***
年龄	0.183***	0.457***	0.180***	0.457***
年龄平方	-0.025***	-0.065***	-0.024***	-0.065***
初中	0.086***	0.090***	0.079***	0.087***
高中	0.198***	0.165***	0.176***	0.155***
大专及以上	0.302***	0.307***	0.245***	0.273***
已婚	0.039***	0.098***	0.045***	0.100***
配偶随迁	-0.046***	-0.007	-0.052***	-0.009
随迁子女数	-0.015***	-0.004	-0.013***	-0.003
未随迁子女数	-0.007	0.011	-0.003	0.013
省内跨市	-0.000	-0.079***	-0.001	-0.080***
市内跨县	-0.022***	-0.168***	-0.020***	-0.167***
制造业	0.049***	-0.058***	0.049***	-0.057***
建筑业	-0.199***	0.088***	-0.199***	0.088***
批发零售、住宿餐饮	-0.029***	-0.072***	-0.028***	-0.071***
居民服务	-0.069***	-0.117***	-0.068***	-0.116***
个体	-0.200***	0.001	-0.200***	0.001
国有部门	0.147***	-0.003	0.145***	-0.004
私营	0.048***	0.048***	0.048***	0.048***
外资企业	0.263***	0.058***	0.263***	0.058***
东部	0.043***	0.166***	0.032***	0.160***
中部	-0.010*	0.081***	-0.016***	0.078***
修正项1	—	—	0.133***	0.087***
修正项2	—	—	-0.143***	-0.071***
常数	0.134***	7.164***	0.177***	7.204***
调整 R2	0.178	0.226	0.179	0.226
F值	531.661	699.965	491.932	660.096

注：***、**、*分别表示变量的系数在1%、5%和10%的水平上显著。

相较于关系网络途径，直接应聘使农民工的稳定就业比增加5.3个百分点，使月工资收入增长3.7%，中介机构使农民工的稳定就业比增加4.6个百分点，使月工资收入增长6.0%。对通过关系网络途径就业的农民工来说，他们的稳定就业比为0.54，月工资收入为3 370.56元（见表8-1）。如果以此为参照，在保持其他特征不变的情况下，直接应聘使农民工的稳定就业比达到0.593，月工资收入增加124.71元，中介机构使农民工的稳定就业比达到0.586，月工资收入增加202.23元。

从其他控制变量的系数估计看，无论是就业稳定性方程还是工资收入方程，修正样本选择偏差后的结果与普通最小二乘的估计结果基本相同。性别、年龄和教育水平对就业稳定性和月工资收入的影响趋势相同。女性农民工的就业稳定性和月工资收入都低于男性农民工。年龄对就业稳定性和月工资收入的影响呈现倒U型趋势，转折点出现在36岁附近。随着教育水平的增加，农民工的就业稳定性和月工资收入都呈现增加趋势。已婚对农民工的就业稳定性和月工资收入具有正向影响，但配偶随迁和随迁子女数对就业稳定性具有负向影响。跨省迁移的农民工的就业稳定性最强，月工资收入也最高，市内跨县迁移农民工的就业稳定性最差，月工资收入也最低。行业和单位类型对农民工就业稳定性和月工资收入的影响趋势并不相同。从行业的影响来看，制造业农民工的就业稳定性最强，但月工资收入却低于建筑业和其他行业。从单位类型的影响来看，外资企业农民工就业稳定性最强，月工资收入也最高，私营企业部门农民工的月工资收入高于国有部门但就业稳定性要低于国有部门，个体工商户部门的农民工就业最不稳定。最后，从区域来看，东部地区农民工的月工资收入最高，就业稳定性最强，中部地区农民工的月工资收入高于西部地区，但就业稳定性要差于西部地区。

2）回归结果的稳健性检验

为检验结果的稳健性，采用校正样本选择偏差的另外一种方法——倾向分匹配方法重新进行分析。首先，采用多项Logit模型预测农民工选择每种就业途径的概率。其次，将选择关系网络途径就业的农民工作为控制组，将选择直接应聘途径就业的农民工和选择中介机构途径就业的农民工分别作为处理组，再分别采用农民工选择直接应聘途径就业的概率和选择中介机构途径就业的概率作为匹配的倾向分进行匹配。最后，得到不同匹配参数情形下的处理效应。图8-1给出了采用最近邻匹配得到的匹配前后处理组与控制组倾向分的分布状况。无论是将选择直接应聘途径的农民工作为处理组还是将选择中介机构途径的农民工作为处理组，匹配后，处理组的倾向分与控制组的倾向分分布都非常接近，说明匹配显著降低了组别间的差异。

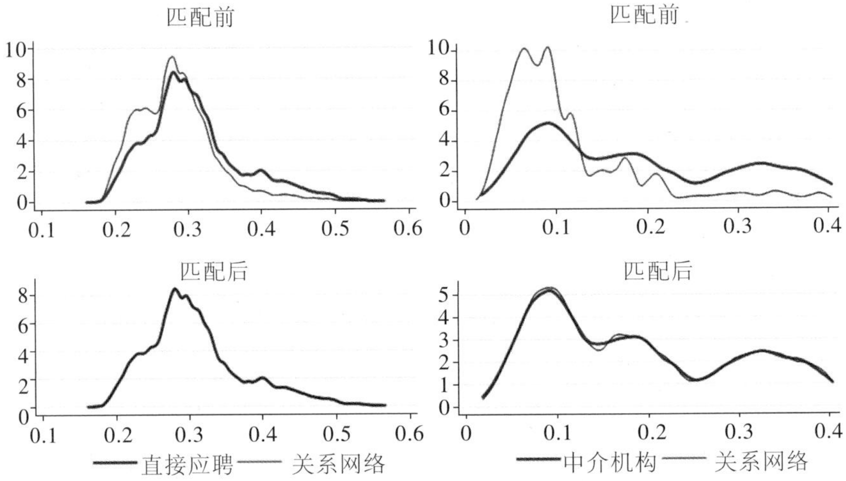

图8-1 匹配前后处理组与控制组倾向分的分布状况

表8-5给出了不同参数下近邻匹配处理效应的估计结果。从就业稳定性看，在不同的参数设定下，处理效应的估计结果都显著为正，说明相对于关系网络途径，直接应聘途径和中介机构途径增强了农民工的就业稳定性。从月工资收入来看，在不同的参数下，当处理组为选择中介机构途径就业的农民工时，得到的处理效应都显著为正，说明中介机构途径能够增加农民工的月工资收入。当处理组为选择直接应聘途径就业的农民工时，处理效应显著为正，但处理效应估计结果值较小。因此，所得到较为稳健的结论是，直接应聘途径和中介机构途径都能够增强农民工就业稳定性，中介机构增加农民工月工资收入的效应较大，直接应聘增加农民工月工资收入的效应较小。

为检验回归结果对变量设定的稳健性，改变就业稳定性和工资收入的定义重新进行分析。考虑到农民工对“无固定期限合同”的理解可能

表8-5　近邻匹配处理效应的估计结果

匹配方法	匹配参数	就业稳定性		月工资收入	
		直接应聘	中介机构	直接应聘	中介机构
近邻匹配	n=1	0.065***	0.104***	0.009**	0.039***
	n=2	0.065***	0.107***	0.010**	0.040***
具有卡尺的近邻匹配	n=1，c=0.01	0.065***	0.104***	0.009**	0.039***
	n=2，c=0.01	0.065***	0.107***	0.010**	0.040***

注：***、**、*分别表示处理效应在1%、5%和10%的水平上显著。

会产生偏差，将稳定就业仅界定为与用工企业签订“有固定期限合同”的工作类型。在工资收入的分析中考虑工作时间的影响，采用小时工资作为工资收入的衡量。表8-6给出了变量重新定义后的回归结果。可以发现，无论是OLS的回归结果还是校正样本选择偏差后的回归结果，各变量的系数估计结果与表8-4给出的结果大体表现出相同的趋势，差别主要体现在系数的大小上。在就业稳定性方程中，直接应聘和中介机构的系数估计在校正样本选择偏差前后的回归中都显著，也大于表8-4中直接应聘和中介机构系数的估计结果，说明直接应聘和中介机构在使农民工获得有固定期限合同上发挥了更大的作用。在小时工资方程中，直接应聘的系数估计在OLS回归结果中不显著，中介机构的系数显著并且大于表8-4中OLS的回归结果，校正样本选择偏差后，直接应聘的系数变显著，并且直接应聘和中介机构的系数估计值大于OLS回归的结果，同时也大于表8-4中校正样本选择偏差后的回归结果，说明选择直接应聘和中介机构途径就业的农民工，其工作时间要小于通过关系网络途径就业的农民工，从而使小时工资的差距进一步扩大。

相对于关系网络，直接应聘和中介机构能够增强农民工的就业稳定性并增加工资收入，但这种影响是否只存在于具有特定特征的农民工群体中？为回答这一问题，对农民工群体按不同的特征进行分类，分别进行回归分析，从而探讨回归结果的异质性。分别将农民工群体按照新生代和老一代（1980年或以后年份出生的农民工为新生代农民工）、男性

表8-6 变量重新定义后的回归结果

变量	OLS		校正选择偏差	
	就业稳定性	小时工资	就业稳定性	小时工资
直接应聘	0.050***	-0.003	0.077***	0.048***
中介机构	0.091***	0.057***	0.080***	0.101***
其他控制变量	是	是	是	是
修正项1	—	—	0.147***	0.144***
修正项2	—	—	-0.158***	-0.120***
常数	0.069**	1.836***	0.116***	1.900***
调整R2	0.231	0.178	0.231	0.178
F值	735.279	509.53	680.281	474.183

注：***、**、*分别表示变量的系数在1%、5%和10%的水平上显著。

和女性、高教育水平和低教育水平（上过高中的农民工为高教育水平农民工）进行分类，进行分样本回归，表8-7给出了异质性分析的回归结果。总体来看，直接应聘和中介机构对就业稳定性和月工资收入的正向影响在不同特征的农民工群体中都存在，尽管在某些情形下，这种正影响缺乏显著性。按代际来看，在新生代农民工中，直接应聘和中介机构对就业稳定性和月工资收入都具有显著的正向效应，但在老一代农民工中，仅有直接应聘对就业稳定性和月工资收入具有正向影响。按性别来看，无论是在男性农民工还是女性农民工中，直接应聘和中介机构对就业稳定性和月工资收入都存在显著的正向影响。按教育水平来看，直接应聘和中介机构对高教育水平和低教育水平农民工的就业稳定性都存在显著的正向效应，但只对高教育水平农民工的月工资收入存在显著的正向效应。

依据基础回归和稳健性检验的结果可以对假说2给出明确的结论：农民工就业所广泛采用的关系网络向用工企业发出了有限选择机会的信号，对农民工的就业稳定性和工资收入产生了负向影响。

表8-7 异质性分析的回归结果

变量	就业稳定性		月工资收入	
	新生代	老一代	新生代	老一代
直接应聘	0.049***	0.075***	0.026***	0.062***
中介机构	0.041***	0.025	0.053***	0.030
	女性	男性	女性	男性
直接应聘	0.046***	0.058***	0.031***	0.045***
中介机构	0.055***	0.032*	0.071***	0.040***
	高教育水平	低教育水平	高教育水平	低教育水平
直接应聘	0.050***	0.042**	0.023***	0.010
中介机构	0.045***	0.079***	0.062***	0.014

注：***、**、*分别表示变量的系数在1%、5%和10%的水平上显著。

8.4.4 不同的中介机构对就业稳定性影响的差异

本章所定义的中介机构包括“互联网”“报纸、杂志、小广告等社会媒体”“社会中介”“政府部门”四类，选择每类途径就业的农民工样本量分别为3 740、1 660、1 682和435，占全部选择中介机构就业农民工样本量的49.75%、22.08%、22.38%和5.79%。为进一步确定各类中介对农民工就业稳定性和工资收入的影响是否存在差异，从而对假说3进行检验，对各类中介均进行虚拟变量设定后，重新进行回归分析，表8-8给出了回归结果。相较于关系网络途径，互联网中介能够显著增强就业稳定性，增加月工资收入和小时工资，社会中介能够显著增强就业稳定性，尽管没有增加月工资收入，但显著增加了小时工资，因此，互联网和社会中介在增强农民工就业稳定性以及增加农民工工资收入上发挥了明显的作用。社会媒体中介相较于关系网络降低了农民工的就业稳定性和工资收入，原因在于报纸、杂志和小广告等方式无法传递用工企业工作岗位的全面信息，增大了农民工就业的信息不对称程度，降低了农民工与工作岗位的匹配的质量。

通过政府部门途径就业是公共就业服务的结果。理论上，有效运行的公共就业服务体系能够降低用工企业和求职者的搜寻成本，提高劳动力市场的匹配效率，提升社会的整体福利（Petrongolo和Pissarides，2001；Fougère等，2009）。从经验研究的成果来看，发达国家公共就业服务对劳动者就业福利具有显著的正向影响的结论较为一致（Card等，2015），但发展中国家的经验研究却没有得出一致的结论（Vera，2013；Pignatti Morano，2016）。从表8-8给出的回归结果来看，政府部门途径相较于关系网络途径能够增强农民工的就业稳定性但降低了工资收入，可能的原因在于政府部门中介属于公共就业服务体系，其所提供的工作岗位多是公共部门岗位，具有较好的稳定性和非工资性福利，农民工在获得非工资性福利的情况下，放弃了一定的工资收入。

表8-8 **不同中介途径对农民工就业福利影响的差异**

变量	就业稳定性	月工资收入	小时工资
直接应聘	0.052***	0.035***	0.045***
互联网	0.055***	0.085***	0.132***
社会媒体	-0.054***	-0.039**	-0.072***
社会中介	0.051***	0.008	0.050***
政府部门	0.024	-0.091***	-0.039
其他控制变量	是	是	是
修正项1	0.166***	0.140***	0.218***
修正项2	-0.190***	-0.146***	-0.227***
常数	0.179***	7.210***	1.907***
调整R2	0.18	0.228	0.181
F值	443.844	597.927	447.061

注：***、**、*分别表示变量的系数在1%、5%和10%的水平上显著。

8.5 本章的结论与启示

随着人口结构的转变，劳动力资源约束逐渐增大，如何更加集约有效地利用现有的劳动力资源，为经济持续的中高速增长提供支撑，是当前劳动力市场发展所迫切需要解决的问题。就业途径能够影响农民工和用工企业之间的匹配，进而影响农民工的劳动生产率和雇佣关系的稳定程度。本章依据国家卫生健康委2016年的流动人口动态监测调查数据，将农民工的就业途径分为关系网络、直接应聘和中介机构三类，采用多项Logit模型分析农民工不同就业途径选择的影响因素，并进一步采用Dubin和McFadden（1984）提出的校正多元样本选择偏差的方法，分析三类途径对农民工就业稳定性和工资收入影响的差异。

受到成本约束的限制，关系网络仍是农民工寻找工作的首选方式，直接应聘次之，而选择中介机构的比例仍然较低。在就业途径的影响因素上，女性农民工相较于男性农民工更愿意选择中介机构途径；工作经验和教育水平的增加促使农民工更多地选择直接应聘和中介机构途径；父母具有外出务工经历的农民工更多地选择关系网络途径，更少选择直接应聘途径。在就业途径对农民工就业稳定性和工资收入的影响上，直接应聘和中介机构相较于关系网络能够显著增强农民工的就业稳定性，并且中介机构产生的就业稳定效应和工资增长效应要高于直接应聘；不同类型的中介机构所发挥的作用并不相同，互联网和社会商业中介在增强就业稳定性和增加工资收入上发挥了更加明显的作用。

本章的结论表明，中介机构特别是互联网和商业中介能够增强农民工与用工企业雇佣关系的稳定性，并提升农民工的工资收入水平，在劳动力市场效率的提升上发挥了重要作用，但这种方式通常具有一定的人力资本门槛，并且相对而言成本较高，在农民工群体中的采用率不高。因此，应继续提升农民工的人力资本水平，扩大互联网在农民工中的普及率，继续鼓励劳动力市场中介的各项服务向农民工群体覆盖，实现农民工的技能水平与工作岗位的准确匹配，有效降低就业信息的不对称程度，促进劳动力市场运行效率的提升。

9　最低工资对农民工受雇就业及就业稳定性的影响

劳动力市场分割导致农民工的工资水平较低，这使农民工成为受最低工资影响较为明显的群体，本章将分析焦点转向最低工资对农民工就业稳定性的影响上。2004年，当时的劳动和社会保障部出台了《最低工资规定》，对最低工资标准的确定规则和调整频率给出了详细的说明，使包括农民工在内的劳动者获得合理的工资收入具有了保障。《最低工资规定》实施后，各省份和地区结合经济发展状况确定了各自的最低工资标准，随后最低工资标准不断提升，并呈现调整幅度加大，调整频率加快的趋势。已有研究主要关注最低工资对农民工就业和工资的影响，对就业稳定性并没有给予充分的关注，并且对农民工就业影响的研究出现较少考虑农民工具有较高自雇就业比例的事实。最低工资对受雇农民工产生直接效应，对自雇农民工产生间接的溢出效应，在不区分就业类型的情况下，将无法使我们深刻理解最低工资调整对就业影响的结构机理。最低工资对农民工的受雇就业和以雇佣关系体现的就业稳定性产生怎样的影响？本章将对这一问题加以分析。

9.1 最低工资对就业影响的研究成果与评论

最低工资对就业究竟会产生怎样的影响？由于理论上的不确定性，对这一问题，多结合一定条件下的市场环境，通过实证检验加以确定。美国政府1981年成立的最低工资研究委员会对20世纪80年代以前的研究成果进行综合分析之后，认为最低工资对青少年就业产生了负向影响，但对20~24岁年轻人就业的负向影响要更小，对成年人就业的影响不确定（Brown等，1982）。20世纪80年代以前的实证分析以时间序列数据和截面数据为主，这些研究验证了完全竞争劳动力市场下，最低工资对就业产生负向影响的理论推断。

进入20世纪90年代后，一些新的计量方法被用于最低工资对就业影响的分析上。Card（1992）以最低工资未调整的州为对照组，分析加利福尼亚州1988年最低工资调整对就业的影响，发现青少年就业和以低技能劳动力为主的零售贸易行业的就业都没有减少。Card和Krueger（1994）将最低工资未调整的宾夕法尼亚州作为对照组，而将最低工资调整的新泽西州作为实验组，采用双重差分方法分析最低工资对新泽西州快餐业就业的影响，发现最低工资的增长并没有减少就业。这两项以准自然实验为基础的研究成果在结果的一般性（Kennan，1995）、控制组的充分性（Dube等，2010；Neumark等，2013）以及数据获得的可靠性（Neumark和Wascher，2000）上受到了众多学者的质疑，但这两项研究促使学者开始考虑垄断情形下最低工资对就业的影响。

随着个体跟踪数据的不断积累，研究者开始采用个体的劳动力市场历程数据分析最低工资调整对那些处于最低工资以下或最低工资附近的劳动者所产生的就业效应，实证分析多得出了最低工资对这类群体的就业具有显著影响的结论。Abowd等（2000）采用跟踪数据对比分析了法国和美国最低工资的变动对直接受影响群体就业状况的影响，发现法国最低工资增长1%，会使收入处于最低工资的男性和女性保持原工作的概率分别下降1.3%和1%，美国最低工资1%的下降，会使收入处于最低工资的男性和女性保持原工作的概率分别增加0.4%和1.6%。Portugal和

Cardoso（2006）采用同样的方法分析了葡萄牙关于19岁及以下年轻人最低工资的立法对就业产生的影响，发现最低工资立法在使17岁青年最低工资增长50%，使18至19岁青年工资增长33%的情形下，却使青年人具有更高的倾向保持原有工作，这与垄断模型得到的结论相一致。Neumark和Wascher（2006）对美国和其他一些国家总共102个最低工资的研究成果进行了总结评论，大约有三分之二的成果给出了最低工资对就业具有负向影响的结论，8项研究成果给出了正向影响的结论。因此，总体来看，最低工资对就业的影响是不明确的。如果最低工资相对于中位数工资来说较低，最低工资对就业的影响可能是正的；相反，如果最低工资相对于中位数工资来说较高，最低工资对就业的影响可能是负的。

1993年，中国当时的劳动部就出台实施了《企业最低工资规定》，但由于未对最低工资的测算方法和调整频率等细节作出具体说明，以及受到当时经济条件的限制，地方政府和企业对最低工资实施并未给出积极的响应，最低工资在较长一段时期内没有发生调整。随着劳动力市场改革的推进，国有企业冗余劳动力不断释放，大量农村劳动力向城镇迁移，形成了低技能劳动力的过剩状态，不仅使工资收入长期处于较低水平，并且取得劳动报酬的合法权益也缺乏保证。2004年开始实施的《最低工资规定》对最低工资的确定规则和调整频率给出了详细说明，从而使包括农民工在内的低技能劳动者获得合理工资收入具有了保障。

随着最低工资的不断调整，最低工资对就业的影响受到了学者的关注。已有研究可以分为两类，一类研究是采用省份面板数据的分析，这类研究采用省份最低工资数据和就业数据，通过最低工资在截面和时间上的变动，分析最低工资对就业的影响。比如，马双等（2012）采用规模以上制造业企业报表数据的分析发现，最低工资每增长10%，制造业企业雇佣人数减少0.6%。张玉柯等（2015）采用建筑业面板数据的分析发现，最低工资对建筑业就业具有正效应。刘苓玲和黄钢（2015）采用省份面板数据的分析发现，最低工资与城镇就业呈显著正相关关系。杨翠迎和王国洪（2015）采用省份面板数据的分析发现，整体上最低工资对就业具有抑制作用，但分地区看，最低工资对就业的影响在中部和东部地区为促进作用，在西部地区为抑制作用。另一类研究是采用微观调查数据的分析，这类研究能够更好地考虑个体对最低工资变动反应的异质性。比如，贾朋和张世伟（2012）采用断点回归方法分析了最低工资对低收入群体劳动供给的影响，发现最低工资对女性就业产生显著的负向影响。从已有研究的结论来看，最低工资对就业影响的结论尚不清晰，并且影响方向和程度在不同群体、不同区域和不同行业中存在差异。

农民工是中国劳动力市场中的特殊群体，劳动力市场分割使其工资收入长期处于较低水平，更易受到最低工资的影响，因此，研究者对农民工群体给予了较多的关注。罗小兰（2007）认为最低工资对农民工的就业存在一个阈值，在该值之前的影响为正，超过该值后的影响为负，在东、西部的影响为正，在中部的影响为负，对制造业的影响为正，对建筑业的影响为负。丁守海（2010）分析了《劳动合同法》实施前后，在监管环境变化的情况下，最低工资对农民工就业的影响，发现当监管环境强化到一定程度时，最低工资对就业冲击会扩大。张世伟和杨正雄（2016）基于回归调整的自然实验方法分析了最低工资对低技能农民工就业的影响，发现最低工资对女性农民工的就业产生了显著的消极影响。

已有研究并没有对农民工的就业类型进行明确的区分，多分析最低工资对农民工就业的总效应。然而，农民工群体是异质性较强的群体，典型特征是自雇就业比例较高，而最低工资制度仅覆盖受雇农民工群体，在区分就业类型的情况下，最低工资对农民工的受雇就业会产生怎样的影响？此外，最低工资制度对企业的用工成本形成了约束，面对最低工资的不断增长，企业更倾向维持稳定的雇佣关系以降低用工成本还是倾向保持用工的灵活性以应对市场的不断变化？这些问题尚没有清晰的答案。

9.2 最低工资对农民工受雇就业及就业稳定性影响的理论分析

9.2.1 基于完全竞争市场全覆盖模型的理论分析

在完全竞争的劳动力市场中，农民工的供给和需求相互作用会达到均衡，最低工资对受雇就业产生的影响取决于最低工资与市场均衡工资的比较。早在1946年，Stigler就已指出，在完全竞争市场中，当最低工资未达到市场均衡工资水平时，其对就业不会产生任何影响，而当最低工资超过市场均衡工资时，其对就业会产生消极影响。从受雇就业的角度来看，如果农民工的受雇供给和需求达到均衡，并且最低工资超过均衡工资，最低工资的继续增长必然会抑制农民工的受雇就业。完全竞争市场全覆盖模型下最低工资对农民工受雇就业的影响如图9-1所示。市场出清时的均衡受雇就业量是E^*，此时均衡工资水平为W^*，当最低工资W_{min}高于W^*时，农民工的受雇供给数量会增加到Q_S，但受雇需求数量却降低至E_{min}，由于供给超过需求，受雇就业量降至E_{min}，此时有（$E^* - E_{min}$）的农民工从受雇就业市场退出，最低工资的增长会降低农民工的受雇就业水平。从就业稳定性来看，当最低工资水平超过市场均衡工资水平时，最低工资的增长会导致雇佣成本增加，此时用工企业为了节约成本，更愿意与劳动者保持灵活的雇佣关系，从而利于根据自身情况进行用工的调整，这会导致农民工的就业稳定性下降。

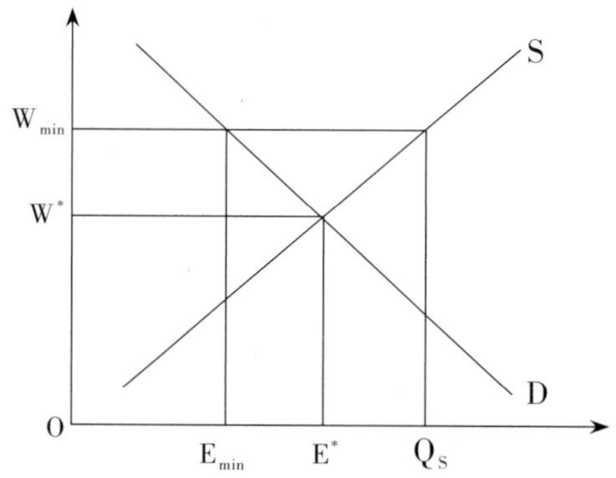

图9-1 完全竞争市场全覆盖模型下最低工资对农民工受雇就业的影响

9.2.2 基于完全竞争市场两部门模型的理论分析

由于并不是所有部门都实行最低工资制度，Mincer（1976）考虑到最低工资制度的覆盖范围问题，提出了两部门模型。在两部门模型中，农民工的劳动力市场分为实施最低工资制度的部门和未实施最低工资制度的部门，当最低工资增长时，前者之中的一些农民工会转移到后者之中。

完全竞争市场两部门模型下最低工资对农民工受雇就业的影响如图9-2所示。农民工在两个部门就业，其中A部门为实施最低工资制度的部门，B部门为不实施最低工资制度的部门，两个部门同时实现均衡时的工资水平为W^*。假设劳动力市场均衡时，A部门就业的农民工数量为E_A^*，B部门就业的农民工数量为E_B^*，农民工的就业总量为$E^* = E_A^* + E_B^*$。当A部门最低工资标准超过均衡工资后，A部门的工资由均衡工资W^*提升至最低工资W_{min}，就业量由E_A^*降至E_{min}，将会有（$E_A^* - E_{min}$）数量的A部门农民工失业。这些失业的农民工一部分将去B部门寻找就业机会，使B部门农民工的供给增加，供给曲线右移，B部门的就业量由E_B^*增加至E_{new}^*，工资由W^*降至W_{new}^*。因此，实行最低工资制度的部门的就业量减少，而未实施最低工资制度的部门会吸收掉实施最低工资制度部门的失业劳动力，在一定程度上抵消最低工资对就业的负效应，但未实施最低工资制度的部门工资下降。现实中，受雇就业通常会受到最低工资提升的直接影响，而自雇就业并不会受到直接影响，可以将受雇和自雇分别看作A部门和B部门，因此，最低工资的增长会降低农民工的受雇就业。从就业稳定性来看，与统一市场下的情形相同，用工企业为节约成本，更愿意与农民工保持灵活的雇佣关系以应对市场以及自身需求的变化，最低工资的增长导致农民工就业稳定性的下降。

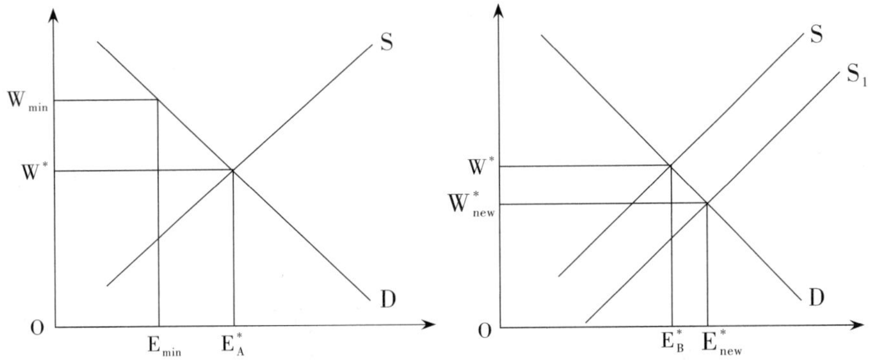

图9-2　完全竞争市场两部门模型下最低工资对农民工受雇就业的影响

9.2.3 基于买方垄断市场模型的理论分析

Card（1992）对传统的完全竞争市场模型提出质疑，认为现实的劳动力市场无法达到完全竞争状态，而更可能是买方垄断的市场，用工企业作为劳动力的买方，其边际成本曲线处于所面对的劳动供给曲线之上，用工企业依据边际成本等于边际产品收益确定工资和用工需求量。如果最低工资小于竞争性工资水平，尽管最低工资增长，但用工企业仍然可以获得超额利润，依然会增加劳动力的需求量，促进就业。

买方垄断劳动力市场模型下最低工资对农民工受雇就业的影响如图9-3所示。如果农民工所处的劳动力市场是买方市场，农民工的供给曲线（S）位于用工企业边际成本曲线（MC）的下方，在未引入最低工资制度时，用工企业会依据边际成本等于边际产品收益确定农民工的需求量，并据此决定农民工的受雇就业量为E_m，工资水平为W_0。假设竞争性工资水平为W^*，如果最低工资W_{min}处于W_0和W^*之间，农民工的受雇就业量就会由E_m提升为E_{min}，在最低工资增长时，只要W_{min}小于W^*，农民工的受雇就业量就会增加。当最低工资W_{min}大于竞争性工资W^*时，最低工资对受雇就业的影响与完全竞争状态时的分析相一致，其增长会对受雇就业产生抑制作用。最低工资增长对农民工受雇就业的正向影响只发生在最低工资W_{min}处于垄断工资W_0和竞争性工资W^*之间。从就业稳定性来看，用工企业依据垄断地位具有用工数量的决定权，同样也具有雇佣关系的决定权，理想的状态是与全部农民工都保持灵活的就业关系，但为避免农民工工作转换所产生的成本，将会与具有一定技能水平的农民工保持稳定的雇佣关系。当最低工资增长，并逐渐靠近竞争性工资时，一方面，用工企业担心未来最低工资进一步上涨并超过竞争性工资，与农民工保持灵活雇佣关系的动机增强，导致农民工就业稳定性的下降；另一方面，由于最低工资并未超过竞争性工资，用工企业依然可以获得超额利润，为避免农民工转换而导致的利润损失，与农民工保持稳定雇佣关系的动机也会增强，导致农民工就业稳定性的上升。因此，在买方垄断的市场状况下，最低工资的增长对就业稳定性的影响是不确定的。

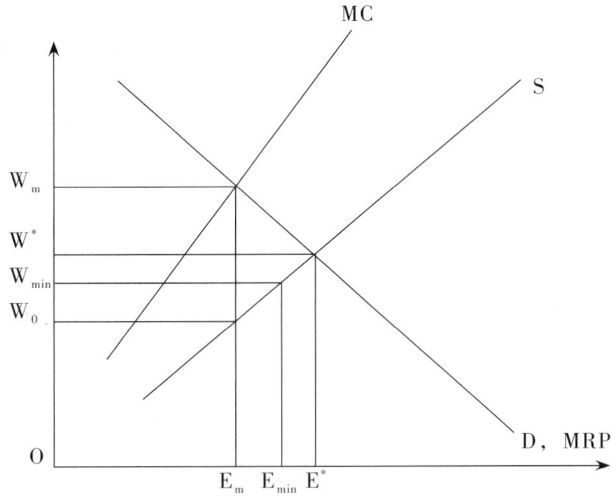

图 9-3　买方垄断劳动力市场模型下最低工资对农民工受雇就业的影响

现实劳动力市场中的用工企业和农民工都存在较强的异质性。某些用工企业在劳动力市场中处于竞争状态，其他一些用工企业则处于买方垄断状态，具有较高技能的农民工在与用工企业雇佣关系的维持中具有一定的话语权，而低技能的农民工则处于弱势地位。因此，最低工资对农民工受雇和就业稳定性所表现出来的整体影响需要通过实证方法加以确定。

9.3　最低工资对农民工受雇就业和就业稳定性影响的统计分析

本章分析的数据来自国家卫生健康委2016年和2017年流动人口动态监测调查，分析关注的对象是农民工，因此去掉了户口性质为非农业户口的个体。农民工的就业身份分为“受雇”“雇主”“自营劳动者”“家庭帮工”，如果农民工的就业身份为“受雇”，受雇就业变量取值为1，其他就业身份取值为0。在就业稳定性的界定上，依然是将就业身份为“受雇”并且劳动合同类型为“有固定期限”或“无固定期限”的就业界定为稳定就业，将其他合同类型的受雇就业界定为非稳定就业。

考虑到最低工资调整会导致农民工在不同就业状态的转变，本章的分析采用全部农民工样本进行。

最低工资调整的具体时间在各个省份并不相同，这为分析最低工资调整所产生的经济效应提供了准自然实验环境。2016年和2017年的流动人口动态调查都在5月份进行，可以将在此期间内进行最低工资调整的省份作为处理组，未调整最低工资的省份作为控制组，采用双重差分方法分析最低工资对受雇就业和就业稳定性的影响。2016年5月至2017年5月之间，北京、天津、河北和山东提升了最低工资，而其他省份没有进行调整，因此，处理组聚焦于这四个地区。表9-1给出了最低工资对农民工受雇就业和就业稳定性影响的统计结果。处理组2017年的受雇就业比相较于2016年下降0.7个百分点，控制组则增加1.9个百分点，双重差分的统计结果表明，最低工资调整使受雇就业比下降2.6个百分点。从就业稳定性来看，双重差分的统计结果表明最低工资调整使稳定就业比下降0.3个百分点。

表9-1 **最低工资对农民工受雇就业和就业稳定性影响的统计结果**

指标	组别	2016年	2017年	均值差异	双重差分
受雇就业比	处理组	0.566	0.559	-0.007	-0.026
	控制组	0.490	0.509	0.019	
稳定就业比	处理组	0.271	0.295	0.024	-0.003
	控制组	0.218	0.245	0.027	

表9-1给出的统计结果并没有考虑处理组和控制组农民工个体特征方面的差异，这种差异会影响到最终的结果。表9-2给出了处理组和控制组农民工个体特征的统计描述。从人力资本特征来看，相对于控制组，处理组农民工的平均年龄更低、女性比例更高、教育水平更高；从家庭特征来看，处理组农民工已婚比例更高，配偶随迁的比例更高，但随迁子女数和未随迁子女数都更低，处理组农民工跨省迁移的比例更高，但省内跨市和市内跨县迁移的比例更低。从农民工就业的行业和单位类型分布来看，处理组和控制组也存在一定的差异。

表9-2　　处理组和控制组农民工个体特征的统计描述

变量	2016			2017		
	控制组	处理组	均值差异	控制组	处理组	均值差异
年龄	35.815	35.159	0.656**	36.412	35.888	0.524**
女性	0.419	0.429	−0.010***	0.427	0.437	−0.010***
小学或以下	0.169	0.103	0.066***	0.195	0.133	0.062***
初中	0.528	0.524	0.004	0.489	0.489	0.000
高中	0.209	0.236	−0.027***	0.206	0.227	−0.021***
大专或以上	0.094	0.138	−0.044***	0.110	0.152	−0.042***
已婚	0.809	0.849	−0.040***	0.817	0.847	−0.030***
配偶随迁	0.711	0.744	−0.033***	0.699	0.718	−0.019***
随迁子女数	0.687	0.630	0.057***	0.691	0.680	0.011***
未随迁子女数	0.046	0.026	0.020***	0.058	0.037	0.021***
跨省	0.497	0.604	−0.107***	0.494	0.621	−0.127***
省内跨市	0.334	0.260	0.074***	0.332	0.240	0.092***
市内跨县	0.168	0.136	0.032***	0.174	0.139	0.035***
制造业	0.166	0.180	−0.014***	0.255	0.249	0.006
建筑业	0.082	0.063	0.019***	0.079	0.056	0.023***
批发零售、住宿餐饮	0.358	0.379	−0.021***	0.317	0.340	−0.023***
居民服务	0.141	0.151	−0.010***	0.100	0.119	−0.019***
其他行业	0.253	0.227	0.026***	0.248	0.235	0.013***
个体	0.405	0.379	0.026***	0.398	0.373	0.025***
国有部门	0.053	0.058	−0.005***	0.054	0.071	−0.017***
私营	0.246	0.305	−0.059***	0.244	0.283	−0.039***
外资企业	0.033	0.024	0.009***	0.038	0.031	0.007***
其他单位类型	0.247	0.202	0.045***	0.266	0.242	0.024***

注：***、**和*分别表示均值差异在1%、5%和10%的水平下显著。

由此可以看出，处理组和控制组农民工各个方面的特征都存在差异，并且处理组的经济环境与控制组相比也不相同，为更准确地得到最低工资对农民工受雇就业和就业稳定性的影响，需要进一步构建回归模型对这些差异进行控制后加以分析。

9.4 最低工资对农民工受雇就业和就业稳定性影响的回归分析

9.4.1 回归模型的设定与分析策略

依据双重差分的分析思想，将受雇就业方程设定为：

$$Y_i = \alpha_0 + \alpha_1 D \times T + \alpha_2 T + X_i\beta + \mu_i + u_i \tag{9.4.1}$$

其中，Y_i表示农民工是否为受雇就业的二值变量，D表示农民工i是否处于处理组的二值变量，处理组取值为1，控制组取值为0，T表示年份，2016年取值为0，2017年取值为1，$D \times T$表示D和T的交互项，X_i表示影响农民工i是否为受雇就业的其他解释变量，μ_i为省份固定效应[①]。

由于Y_i是二值变量，也可以在Logit模型的框架下进行双重差分分析。受雇就业的Logit模型设定为如下形式：

$$P(Y_i = 1|X_i) = \Lambda(\gamma_0 + \gamma_1 D \times T + \gamma_2 T + X_i\eta + \mu_i) \tag{9.4.2}$$

其中，$\Lambda(\cdot)$表示标准逻辑分布的分布函数，在Logit模型的框架下，交互项的系数并不具备线性回归中交互项系数的意义，但可以将式（9.4.2）表示为对数发生比的形式：

$$\ln\frac{p_i}{1 - p_i} = \gamma_0 + \gamma_1 D \times T + \gamma_2 T + X_i\eta + \mu_i \tag{9.4.3}$$

其中，$p_i = P(Y_i = 1|X_i)$，γ_1的含义为最低工资调整导致农民工受雇就业与非受雇就业概率比值的百分比变动，如果为正值，说明最低工资的增长导致农民工受雇就业与非受雇就业概率的比值增加，也意味着受雇就业概率增加，如果为负值，则意味着受雇就业概率下降。因此，

① 就业稳定性方程的设定形式类似，仅需用Y_i表示是否稳定就业的二值变量即可。

通过γ_1的正负可以判断最低工资对农民工的受雇就业概率产生正向影响还是负向影响。由于概率比值变动的解释并不直观，因此，本章的分析仍然以式（9.4.1）的线性设定为主，在稳健性分析部分给出Logit模型的回归结果。

在控制变量上，受雇就业方程和就业稳定性方程还包含了体现农民工人力资本特征的年龄和教育水平；体现性别差异的性别虚拟变量；体现需求方因素的就业行业和单位类型；体现家庭特征的是否已婚、配偶是否随迁、随迁子女数和未随迁子女数，体现农民工家庭迁移特征的迁移类型；体现地区差异的省份虚拟变量。

9.4.2 最低工资对农民工受雇就业和就业稳定性影响的回归结果

1）基本回归结果分析

表9-3给出了最低工资对农民工受雇就业和就业稳定性影响的回归结果。从受雇就业方程的回归结果看，在只控制省份固定效应的情况下，DT项的系数为-0.029，并且在1%的水平下显著，在依次加入人力资本和家庭特征、行业和单位类型之后，DT项的系数依然显著为负，说明最低工资增长对农民工的受雇就业产生了负向影响，使农民工受雇就业比下降了2至3个百分点。

表9-3 最低工资对农民工受雇就业和就业稳定性的回归结果

变量	受雇就业			就业稳定性		
DT	-0.029^{***}	-0.027^{***}	-0.020^{***}	-0.025^{***}	-0.023^{***}	-0.018^{***}
T	0.021^{***}	0.019^{***}	0.009^{***}	0.208^{***}	0.206^{***}	0.196^{***}
年龄		-0.007^{***}	-0.010^{***}		-0.002^{***}	-0.004^{***}
年龄的平方		0.000^{***}	0.000^{***}		-0.000^{**}	0.000^{***}
女性		-0.039^{***}	0.012^{***}		-0.037^{***}	0.002
初中		-0.022^{***}	-0.016^{***}		-0.002	0.005^{**}
高中		0.014^{***}	-0.003		0.057^{***}	0.042^{***}

续表

变量	受雇就业			就业稳定性		
大学或以上		0.122***	0.003		0.203***	0.093***
已婚		-0.047***	-0.069***		-0.025***	-0.043***
配偶随迁		-0.159***	-0.076***		-0.137***	-0.064***
随迁子女数		-0.059***	-0.030***		-0.051***	-0.025***
未随迁子女数		-0.022***	-0.014***		-0.016***	-0.010***
省内跨市		0.058***	0.054***		0.046***	0.041***
市内跨县		0.068***	0.061***		0.051***	0.043***
制造业			0.150***			0.132***
建筑业			0.237***			0.143***
批发零售、住宿餐饮			-0.015***			-0.002
居民服务			0.109***			0.077***
个体			-0.005*			-0.054***
国有部门			0.610***			0.544***
私营			0.563***			0.455***
外资企业			0.547***			0.562***
常数项	0.500***	0.873***	0.595***	0.311***	0.517***	0.289***

注：回归中控制了省份固定效应，***、**、*分别表示变量的系数在1%、5%和10%的水平上显著。

从其他变量的系数来看，代表年份的T变量显著为正，说明与2016年相比，农民工在2017年的受雇就业率有所增加。年龄对农民工受雇就业的影响呈现先减后增趋势，主要原因在于受人力资本约束的限制，农民工在受雇就业上很难突破瓶颈，自雇就业成为获得更高收入的渠道之一，年龄较小的农民工尚不具备开展自雇就业的资本而选择受雇就业，年龄较大的农民工倾向于获得无风险的收入而选择受雇就业，因此观测到了年龄对受雇影响的正U形趋势。在不加入行业和单位类型的情况下，女性的受雇就业率要低于男性，教育水平对受雇就业具有正向影响，在加入行业和单位类型的情况下，性别和教育水平的系数显著性下降甚至变得不显著，说明性别和教育主要通过行业类型和单位类型对受雇就业产生影响。已婚对农民工的受雇就业具有负向影响，配偶随迁和女子随迁则放大了这种负向影响，原因在于家庭成员的随迁为自雇就业提供了人力条件，促使农民工更多地开展自雇就业。未随迁子女数降低了农民工的受雇就业，增加了自雇就业，主要原因在于从事自雇就业需要更多的时间投入，无暇照顾子女。从迁移范围来看，迁移距离较近的市内跨县和省内跨市农民工相较于迁移距离较远的跨省迁移农民工更易受雇就业。从行业来看，建筑业农民工的受雇就业比例最高，批发零售、住宿餐饮行业的受雇就业比例最低。从单位类型来看，农民工在个体部门的受雇就业比例最低，在国有部门的受雇就业比例最高。

从就业稳定性方程的回归结果来看，在只控制省份固定效应的情况下，DT项的系数为-0.025，并且在1%的水平下显著，在依次加入人力资本和家庭特征、行业和单位类型之后，DT项的系数依然显著为负，说明最低工资的增长对农民工的就业稳定性产生了负向影响，使农民工的就业稳定性下降1.8至2.5个百分点。从其他变量的系数来看，除教育水平外，各变量的系数基本与受雇就业方程中各变量的系数趋势保持一致。在不加入行业和单位类型的情况下，教育水平对就业稳定性具有正向影响，在加入行业和单位类型的情况下，教育水平对就业稳定性依然具有正向影响。

2）稳健性检验

双重差分方法分析结果可靠的基本前提是要满足平行趋势假设，具体到本章的分析，则要求处理组在没有调整最低工资的情况下，农民工的受雇就业和就业稳定性，分别与控制组农民工的受雇就业和就业稳定性具有相同的变动趋势，但处理组没有调整最低工资情况下的反事实无法获得，只能比较最低工资调整之前两个组别受雇就业和就业稳定性的变动趋势。然而，在实际中遇到的困难是，近些年各省份最低工资调整较频繁，并且在同一个年份，调整最低工资的省份也不相同。比如，如果以2015年和2016年的调查数据为基础进行平行趋势检验，需要处理组和控制组在2015年5月至2016年5月之间都不能调整最低工资，但通过对各个省份调整最低工资的时点加以分析可以发现，处理组省份在2015年5月至2016年5月之间没有调整最低工资，但控制组中的绝大多数省份都调整了最低工资，这就使平行趋势检验无法进行。在这种情况下，本章只能退而求其次，进行不同的安慰剂检验，从而对结果的可靠性给予支持。

（1）基于Logit模型的分析

第一个稳健性检验是采用Logit模型进行回归分析。对于Logit模型设定中，交互项系数的含义已经在式（9.4.3）中进行阐述，由于交互项系数的直接含义并不直观，这里只观察符号的正负即可。稳健性检验的结果见表9-4。表9-4第一行给出了采用Logit模型的估计结果，DT项的系数在受雇就业方程和就业稳定性方程的三种设定下都为显著的负值，因此，支持了最低工资对受雇就业和就业稳定性具有负向影响的结论。

表9-4 **稳健性检验的结果**

检验方法	受雇就业			就业稳定性		
	设定1	设定2	设定3	设定1	设定2	设定3
Logit	-0.1213^{***}	-0.1254^{***}	-0.1653^{***}	-0.1954^{***}	-0.2064^{***}	-0.2393^{***}
东部省份	-0.0398^{***}	-0.0400^{***}	-0.0333^{***}	-0.0491^{***}	-0.0485^{***}	-0.0435^{***}
PSM-DID	-0.0293^{***}	-0.0285^{***}	-0.0205^{***}	-0.0228^{***}	-0.0217^{***}	-0.0157^{***}
随机化处理组	0.0001	0.0001	−0.0004	0.0001	0.0003	−0.0000

注：设定1只包含省份固定效应，设定2加入农民工的个体特征和家庭特征，设定3进一步加入行业和单位类型；***、**、*分别表示变量的系数在1%、5%和10%的水平上显著。

（2）以东部省份为控制组

双重差分方法回归结果的可信性，在很大程度上取决于处理组个体和控制组个体特征的相似性。特征越相近，平行趋势越可能得到满足。

在自然实验的分析中，控制组的特征要与处理组的特征尽可能相近，从而保证处理组在不受政策影响情况下的反事实与控制组具有相同的趋势。在基本回归结果的分析中，处理组的省份都属于东部地区，但控制组不仅包含了东部地区的省份，还包含了中西部地区的省份，而中西部地区省份与东部地区省份在经济发展水平等宏观因素上存在差异，这可能使控制组农民工的就业特征与处理组农民工并不相同，导致平行趋势无法得到满足，从而低估或高估最低工资对受雇就业和就业稳定性的影响。因此，本章进行的第二个稳健性分析是将中西部地区的省份从控制组中移除，将控制组仅限定在其他未调整最低工资的东部省份。表9-4的第二行给出了估计结果，可以发现，DT项的系数在受雇就业方程和就业稳定性方程的三种设定下都为显著的负值，并且程度要大于基本回归结果中DT项的系数估计值，说明2016年至2017年间，东部省份受雇就业和就业稳定性的增长趋势要高于中西部省份，将中西部省份包含在控制组，低估了最低工资所产生的负向影响。基本回归结果尽管存在低估现象，但最低工资对受雇就业和就业稳定性具有负向影响的结论依然稳健。

（3）采用PSM-DID方法进行分析

处理组和控制组农民工在人力资本和家庭等特征上存在差异，这种可观测特征的差异可能会使影响受雇就业和就业稳定性的不可观测特征在两个组别存在不同的变动趋势，导致平行趋势无法满足。为避免这种情况的发生，本章进行的第三个稳健性检验是采用PSM-DID重新进行分析，分别在两个年份上将处理组农民工和控制组农民工按可观测的人力资本特征和家庭特征进行倾向得分匹配，保证两个组别农民工可观测特征的一致性，再采用匹配后的样本进行双重差分分析。表9-4的第三行给出了估计结果，可以发现，DT项的系数在受雇就业方程和就业稳定性方程的三种设定下都为显著的负值，说明考虑了农民工个体特征的差异后，最低工资对受雇就业和就业稳定性产生负向影响的结论依然稳健。

（4）随机化处理组

本章进行的最后一个稳健性检验是随机化处理组检验。将处理组农民工和控制组农民工混合，并随机将部分农民工分配为处理组，再进行双重差分分析，如果交互项的系数不显著，可以说明基本回归结果稳健。表9-4的最后一行给出了估计结果，可以发现，DT项的系数在受雇就业方程和就业稳定性方程的三种设定下都不显著，从而为基本结果的稳健性提供了支撑。

9.4.3 最低工资对受雇就业和就业稳定性影响的异质性

最低工资对农民工的受雇就业产生了负向影响，说明农民工所在的劳动力市场已经处于竞争状态，最低工资对就业稳定性也产生了负向影响，说明用工企业在劳动力成本增加的情况下，保持用工灵活性的意愿也在增强。然而，不同特征的农民工会面临不同的就业约束选择，对于收入水平低于调整后最低工资的农民工，他们将会受到最低工资的直接影响，而对于收入水平高于调整后最低工资的农民工，他们所受到的影响则主要是低收入农民工就业反应产生的溢出效应，这种溢出效应通常要小于直接效应。现实经济中，教育水平的高低决定了收入的高低，因此最低工资对不同教育水平农民工的受雇就业和就业稳定性的影响应该并不相同。为对这一猜想进行验证，按照教育水平将农民工分为高教育水平农民工和低教育水平农民工，将教育水平为初中或初中以下的农民工界定为低教育水平农民工，高中或高中以上的农民工界定为高教育水平农民工，分析最低工资对两组农民工受雇就业和就业稳定性影响的差异。

表9-5给出了最低工资对不同教育水平农民工影响的差异。可以发现，最低工资对高教育水平农民工的受雇就业和就业稳定性并没有产生影响，但对低教育水平农民工受雇就业和就业稳定性的负向影响都较为显著。这一结果除能说明最低工资对低收入群体产生直接效应外，也说明最低工资主要影响那些技能水平不足、可替代性强的农民工，增强农民工的人力资本水平，能够弱化最低工资对受雇就业和就业稳定性所产生的负向影响。

对老一代农民工受雇就业和就业稳定性的影响大于对新生代的影

表9-5　　最低工资对不同教育水平农民工影响的差异

回归方程	低教育水平			高教育水平		
	设定1	设定2	设定3	设定1	设定2	设定3
受雇就业	0.004	−0.004	−0.000	−0.042***	−0.041***	−0.041***
就业稳定性	0.007	−0.006	−0.002	−0.028***	−0.027***	−0.018***

注：设定1只包含省份固定效应，设定2加入农民工的个体特征和家庭特征，设定3进一步加入行业和单位类型；***、**、*分别表示变量的系数在1%、5%和10%的水平上显著。

响，也能够为本节的猜想提供佐证，为此将农民工分为新生代和老一代后进行分样本回归（1980年及以后出生的农民工为新生代，1980年以前出生的农民工为老一代）。表9-6给出了最低工资对新生代和老一代农民工影响的差异。可以发现，最低工资对新生代和老一代农民工的受雇就业和就业稳定性都产生了负向影响，但从影响程度来看，对老一代的负向影响明显大于对新生代的负向影响。因此，最低工资对农民工影响的代际差异能够很好地验证对不同教育水平农民工影响的差异。

表9-6　　最低工资对新生代和老一代农民工影响的差异

回归方程	新生代			老一代		
	设定1	设定2	设定3	设定1	设定2	设定3
受雇就业	−0.017**	−0.016**	−0.010*	−0.043***	−0.043***	−0.035***
就业稳定性	−0.020***	−0.019***	−0.014**	−0.030***	−0.029***	−0.024***

注：设定1只包含省份固定效应，设定2加入农民工的个体特征和家庭特征，设定3进一步加入行业和单位类型；***、**、*分别表示变量的系数在1%、5%和10%的水平上显著。

9.5　本章的结论与启示

本章基于国家卫生健康委流动人口动态监测调查2016年和2017年的调查数据，将两次调查期间最低工资的增长作为准自然实验，采用双重差分方法分析了最低工资对农民工受雇就业以及就业稳定性的影响。研究结论如下：一是，最低工资对农民工的受雇就业和就业稳定性都产生了负向影响，并且各种稳健性检验的结果证实了这一结论的可靠性；二是，最低工资对低教育水平农民工受雇就业和就业稳定性的负向影响显著，但对高教育水平农民工的影响并不显著，说明最低工资主要影响低人力资本水平的农民工，按照新生代和老一代进行划分的分样本回归也对这一结论给予了支持。

最低工资对高教育水平农民工受雇就业和就业稳定性的影响小于对低教育水平农民工影响的事实表明，农民工的受雇就业市场特别是低教育水平农民工的受雇就业市场已经处于竞争状态，最低工资对低教育水平农民工的受雇就业产生了抑制作用，并且用工企业为避免成本压力，在最低工资标准提升的背景下，更倾向于辞退部分低教育水平农民工或与低教育水平农民工，保持灵活的雇佣关系。通过多种途径提升农民工的人力资本，能够弱化最低工资对农民工受雇就业和就业稳定性的负向影响，因此，应继续加大对农民工的职业培训以及教育投入力度，鼓励用工企业对农民工开展在职培训，多方面增强农民工的人力资本水平，使农民工实现更加稳定的就业。

虽然最低工资会对农民工的受雇就业和就业稳定性产生负向影响，但这并不能说明最低工资制度不利于农民工的就业。最低工资制度是一项保护农民工合法权益的重要政策，必须继续贯彻落实。农民工从受雇状态的退出，并不意味着失业，而是更多地转向自雇就业，这就需要对农民工的自雇就业给予更加宽松的社会环境和制度环境。在农民工人力资本整体水平不高的情况下，批发零售、住宿餐饮以及其他社会服务业这些进入门槛较低的行业成为了农民工自雇就业的首选，因此，政府应继续出台和实施促进农民工在这些行业从事自雇就业的保障政策和激励政策，在使农民工的自雇就业得到有效保护的同时，通过创业技能培训等措施不断提升农民工的自雇就业层次，使自雇就业成为农民工就业的缓冲池，抵消最低工资对受雇就业产生的负向影响。

10 政策建议

农村劳动力向城市迁移，并最终实现市民身份的转变，这一过程所产生的规模效益和集聚效应将持续推动中国经济的发展。第七次人口普查数据显示，中国的常住人口城镇化率为63.8%，户籍人口城镇化率为45.4%，未来两个城镇化率差距的缩小以及整体城镇化率的进一步提升，都将为经济增长提供持续的动力。稳定的就业能够提升农民工永久迁移意愿和迁移能力，加快农民工实现市民身份的转变。结合各章所得到的结论，本书提出如下政策建议：

一、找准政策着力点，避免陷入就业不稳定与人力资本积累水平不足相互制约的低质量发展路径

提升人力资本水平依然是增强农民工就业稳定性的关键，并且二者相辅相成，相互促进。现实中会出现两种发展路径：一种是，人力资本的提升增强就业稳定性，就业稳定性的强化又能促进人力资本积累的高质量发展路径；另外一种是，就业不稳定使人力资本无法有效积累，较差的人力资本抑制就业稳定性的低质量发展路径。政策的着

力点应在于促使高质量发展路径的实现，避免陷入低质量发展路径。由于农民工的市场前教育水平较低，人力资本的积累主要依靠进入城市工作后的经验积累。农民工在向城市迁移的过程中，寻找工作的方式以非正规的关系网络为主，初次就业的岗位匹配程度较差，就业质量较低，这导致农民工具有较强的工作转换动机。同时，受到身份因素的影响，用工企业对农民工能够长期在城市生活的预期较低，对农民工的离职认知较强，在担心专业人力资本投资无法获得收益的情况下，对农民工开展在职培训的动力不足。因此，为避免陷入低质量发展路径，应消除就业的户籍身份限制、提升农民工进入城市初次工作以及工作转换后的岗位匹配程度，这对于增强农民工的就业稳定性将发挥显著的作用。

二、提升职业技能培训的效率和覆盖面，促进农民工技能水平的有效积累

提升农民工人力资本的最直接方式就是开展各类职业技能培训项目。培训一直是政府促进农民工就业的重要抓手，各级政府结合本地的产业需求开展了形式多样的培训项目，有效提升了农民工的人力资本水平。当前的职业技能培训项目主要针对转移后的农民工展开，包括新转移的农民工、在岗农民工、待岗农民工和失业农民工等，为进一步挖掘农村剩余劳动力的潜力，促进农村人口的进一步转移，可以适当将培训的时点前移，将培训项目向转移前的农村劳动力覆盖：一方面，加大农村地区的职业教育投入力度，为年轻农村劳动力提供专业技能培训；另一方面，开展各类成人职业技能培训，为年龄较大但有转移意愿的农民工提供专业技能培训。两方面同时着手，提升农民工转移前的人力资本水平，使他们能够明确转移的就业目标，提升初次的就业质量，实现更加稳定的就业。“十四五”规划纲要提出要完善财政转移支付与农业转移人口市民化挂钩的相关政策，在这一要求下，可以进一步考虑将培训农民工的人员数量和培训课程的质量作为确定转移支付的一项重要参数，切实提升农民工培训项目的效率。

三、继续深化户籍制度改革，消除农民工就业的户籍身份限制

“十四五”规划纲要对继续深化户籍制度改革提出了具体要求，针对不同人口规模的城市提出了不同的落户限制放开要求，并对公共服务的提供机制和农业转移人口市民化的政策支持作出了要求。落户限制的放宽以及公共服务对农民工的覆盖能够增强农民工的城市永久迁移意愿，改变农民工的工作选择偏好，使他们能够从长期收益的角度作出工作选择，更加注重自身人力资本的积累，而非仅仅关注短期工资收入。用工企业也更愿意对具有长期居住意愿的农民工开展专业技能培训，获得更高的人力资本投资收益。人力资本的提升强化了农民工的就业稳定性，又能促使农民工更容易达到城市的落户条件，更好地享受各项公共服务，实现身份的转变。

四、重视劳动力市场中介的作用，促进农民工初次就业和再次就业的稳定

在提升农民工的岗位匹配度上，劳动力市场中介的作用要给予足够的重视。要着力推进政府公共就业服务部门信息服务的一体化，搭建就业信息的统一发布平台。按照迁移距离由近及远来看，农民工的迁移类型可分为市内跨县、省内跨市和跨省迁移三类，因此，可先在省内实现各市级层面就业服务信息的共享，降低省内跨市迁移农民工就业信息的不对称性，增强初次迁移农民工的岗位匹配度，之后再推进省级层面就业信息的共享，提升跨省迁移农民工初次就业的岗位匹配度。此外，还要解决好用工信息传递的“最后一公里”问题，使真实的用工信息能够传递到有迁移意愿的农民工手中，这就要求县、乡镇的就业服务部门能够实现用工信息的精准传递，将用工企业的岗位信息和农民工充分对接。除公共就业服务部门外，要引导市场中介的服务向农民工覆盖。由于激励机制与公共就业服务部门不同，市场中介主要服务于具有一定技能和工作经验的农民工，作用更多体现在农民工在城市首次就业后的工作转换上。应通过税收、补贴等措施鼓励市场中介更多服务于农民工，

使农民工能够获得更多的岗位信息，增加与工作岗位的匹配度，从而增强就业稳定性。

五、注意保障性政策实施的节奏，弱化对农民工就业稳定性的负向影响

除提升技能培训效率、深化户籍制度改革和完善劳动力市场中介这些积极的政策外，最低工资这项具有较多争议的制度安排对就业稳定性的影响也需要给予重视。设定最低工资的初衷是保护弱势劳动者的收入权益，其作为基本社会保障政策所发挥的作用无可厚非，但最低工资对农民工就业稳定性具有负向影响的事实也应给予关注。最低工资标准提升对农民工就业稳定性的负向影响程度会随农民工技能水平的提升而下降，并且在不同的地区影响程度也存在差异，在经济发达的东部地区影响程度较小，因此，增强农民工的人力资本水平是弱化负向影响的措施之一。实际操作中，职业技能培训项目的实施为主线，要常态化，保障性政策的实施为辅助，要因时因地而异。

六、实现农民工就业的岗位稳定向就业终身稳定的转变

在经济结构不断转变的背景下，企业需要保持用工的灵活性来应对宏观经济环境的冲击和市场竞争，或许正是农民工就业不稳定所产生的用工灵活性优势拓展了企业的生存空间，为中国经济的快速发展提供了支撑。然而，这种过度的灵活性只能支撑粗放型经济的发展，在经济向集约化转型的过程中，人力资本的提升是必要条件，因此需要强化农民工的就业稳定性。但经济转型的过程中，企业面临的外部不确定性上升，经营风险增大，企业又需要保持用工的灵活性，因此，似乎遇到了灵活和稳定的矛盾。一个明显的问题是，能否在保持用工灵活性的前提下实现农民工人力资本的积累，使其在失去已有工作后能迅速实现再就业，降低人力资本的损耗，实现就业的终身稳定？在这个意义上，就业稳定性的内涵已发生改变，已不是在同一岗位上工作时间长短的含义，而是指就业的不间断性，即使农民工结束当下的工作也能够迅速实现再就业。事实上，只要能够持续积累人力资本，农民工就不会担心失去工

作而无法实现再就业，他们的就业就是终身稳定的，这种情况下，更应该关注就业安全性的概念。

最早将灵活性和安全性结合并付诸实践的国家是丹麦，经济学者将丹麦的实践总结为“灵活安全”模式，这种模式使丹麦在一定程度上抵御了2008年世界经济危机对劳动力市场的冲击。“灵活安全”模式的特点是需要失业保障体系能够为失业劳动力提供基本的生活保障，又需要培训等积极的劳动力市场政策降低失业劳动力的失业期限，使他们避免长期处于失业状态。该模式的最大缺陷在于，在经济衰退期时财政收入吃紧，失业的增加又促使财政支出有所扩大，会进一步挤压财政政策的操作空间，因此，需要政府在经济繁荣期能够作出合理的预算安排，使财政政策能够冲破经济周期的变动。

由于不同国家的经济体量、结构和制度存在差异，不会有一个统一的模式能够适用于所有的经济体，每一种模式都有优势和劣势，丹麦的模式也不能完全适用于其他国家，问题的关键在于：找到适合自身的劳动力市场运行模式。相信中国一定能够依靠自身的制度优势，走出一条具有特色的“灵活安全”之路，在经济结构调整的关键阶段，既能保持劳动力市场的灵活性，拥有充足的政策应对空间，又能实现人力资本的迅速积累，实现“人口红利”的二次开发，继续保持经济的快速发展。作者对此充满信心。

主要参考文献

[1] 白南生，李靖. 农民工就业流动性研究 [J]. 管理世界，2008 (7): 70-76.

[2] 奥尔桑，凯斯. 工业化国家就业的灵活性和稳定性问题（一）[J]. 中国劳动，2005 (7): 29-32.

[3] 蔡昉. 农民工市民化与新消费者的成长 [J]. 中国社会科学院研究生院学报，2011 (3): 5-11.

[4] 蔡禾，王进."农民工"永久迁移意愿研究 [J]. 社会学研究，2007 (6): 86-113.

[5] 陈技伟，江金启，张广胜，等. 农民工就业稳定性的收入效应及其性别差异 [J]. 人口与发展，2016 (3): 54-62.

[6] 邓曲恒. 城镇居民与流动人口的收入差距——基于Oaxaca Blinder和Quantile方法的分解 [J]. 中国人口科学，2007 (2): 8-16.

[7] 邓睿，冉光和. 子女随迁与农民工父母的就业质量——来自流动人口动态监测的经验证据 [J]. 浙江社会科学，2018 (1): 66-75.

[8] 丁守海. 最低工资管制的就业效应分析——兼论《劳动合同法》的交互影响 [J]. 中国社会科学，2010 (1): 85-101.

[9] 冯虹，李晨曦. 新型城镇化过程中农民工消费水平影响因素分析——基于《2013年中国流动人口动态监测》[J]. 北京联合大学学报（人文社会科学版），2016，14 (3): 72-80.

[10] 符平，唐有财，江立华. 农民工的职业分割与向上流动 [J]. 中国人口科

学，2012（6）：75-82.
［11］ 郭菲，张展新．农民工新政下的流动人口社会保险：来自中国四大城市的证据［J］．人口研究，2013，37（3）：29-42.
［12］ 郭凤鸣，柏丛明．农民工过度劳动的影响因素分析［J］．中国劳动关系学院学报，2018，32（6）：60-72.
［13］ 郭凤鸣，张世伟．最低工资提升对低收入农民工过度劳动的影响［J］．中国人口科学，2018（5）：42-56.
［14］ 何筠，张嘉佳.新生代农民工就业稳定性的影响因素及代际差异研究［J］.江西社会科学，2021（2）：218-227.
［15］ 华豫民．基于顾客价值理论的农民工手机购买行为分析［J］．中国农村经济，2010（9）：82-90，96.
［16］ 黄锟．城乡二元制度对农民工市民化影响的实证分析［J］．中国人口·资源与环境，2011，21（3）：76-81.
［17］ 黄乾．城市农民工的就业稳定性及其工资效应［J］．人口研究，2009，33（3）：53-62.
［18］ 贾朋，张世伟．最低工资标准提升的劳动供给效应——基于回归间断设计的经验研究［J］．中国人口科学，2012（2）：25-35.
［19］ 简新华，黄锟．中国农民工最新生存状况研究——基于765名农民工调查数据的分析［J］．人口研究，2007，31（6）：37-44.
［20］ 江金启，张广胜，杨肖丽．异质性培训、技能分化与农民工的工资收入决定［J］．农业技术经济，2016（10）：20-28.
［21］ 金成武．城镇劳动力市场上不同户籍就业人口的收入差距［J］．中国人口科学，2009（4）：32-41.
［22］ 金晓彤，杨潇．新生代农民工与同龄城市青年发展型消费的比较分析［J］．中国农村经济，2016（2）：13-22.
［23］ 寇恩惠，刘柏惠．城镇化进程中农民工就业稳定性及工资差距——基于分位数回归的分析［J］．数量经济技术经济研究，2013，30（7）：3-19.
［24］ 赖德胜，苏丽锋，孟大虎，等．中国各地区就业质量测算与评价［J］．经济理论与经济管理，2011（11）：88-99.
［25］ 李飞，钟涨宝．人力资本、阶层地位、身份认同与农民工永久迁移意愿［J］．人口研究，2017，41（6）：58-70.
［26］ 李培林，李炜．近年来农民工的经济状况和社会态度［J］．中国社会科学，2010（1）：119-131.
［27］ 李培林，田丰．中国农民工社会融入的代际比较［J］．社会，2012（5）：1-24.

[28] 李实，杨修娜. 我国农民工培训效果分析 [J]. 北京师范大学学报（社会科学版），2015（6）：35-47.

[29] 李中建，袁璐璐. 务工距离对农民工就业质量的影响分析 [J]. 中国农村经济，2017（6）：70-83.

[30] 梁库，金晓彤，佟金昱. 我国新生代农民工春节返乡消费特征分析——以冀北横河村“90后”群体为例 [J]. 经济视角（上旬刊），2014（8）：1-3.

[31] 刘传江，周玲. 社会资本与农民工的城市融合 [J]. 人口研究，2004，28（5）：12-18.

[32] 刘苓玲，黄钢. 最低工资标准的就业效应研究——基于30个省际面板数据的实证分析 [J]. 产经评论，2015，6（1）：143-160.

[33] 刘茜，杜海峰，靳小怡，等. 留下还是离开 政治社会资本对农民工留城意愿的影响研究 [J]. 社会，2013（4）：103-116.

[34] 刘素华. 建立我国就业质量量化评价体系的步骤与方法 [J]. 人口与经济，2005（6）：36-40.

[35] 刘妍，李岳云. 城市外来农村劳动力非正规就业的性别差异分析——以南京市为例 [J]. 中国农村经济，2007（12）：20-27.

[36] 卢海阳. 社会保险对进城农民工家庭消费的影响 [J]. 人口与经济，2014（4）：33-42.

[37] 陆万军，张彬斌. 就业类型、社会福利与流动人口城市融入——来自微观数据的经验证据 [J]. 经济学家，2018（8）：34-41.

[38] 陆文聪，谢昌财. 社会关系、信息网络对新农民工收入的影响——基于熵均衡法的实证分析 [J]. 中国人口科学，2017（4）：54-65，127.

[39] 罗楚亮. 就业稳定性与工资收入差距研究 [J]. 中国人口科学，2008（4）：11-21，95.

[40] 罗小兰. 我国最低工资标准农民工就业效应分析——对全国、地区及行业的实证研究 [J]. 财经研究，2007（11）：114-123，143.

[41] 马双，张劼，朱喜. 最低工资对中国就业和工资水平的影响 [J]. 经济研究，2012（5）：132-146.

[42] 孟凡强，吴江. 我国就业稳定性的变迁及其影响因素——基于中国综合社会调查数据的分析 [J]. 人口与经济，2013（5）：79-88.

[43] 明娟，王明亮. 工作转换能否提升农民工就业质量？[J]. 中国软科学，2015（12）：49-62.

[44] 彭宅文，乔利滨. 农民工社会保障的困境与出路——政策分析的视角 [J]. 甘肃社会科学，2005（6）：173-177.

[45] 钱文荣，李宝值．不确定性视角下农民工消费影响因素分析——基于全国2 679个农民工的调查数据［J］．中国农村经济，2013（11）：57-71．
[46] 任义科，王林，杜海峰．人力资本、社会资本对农民工就业质量的影响——基于性别视角的分析［J］．经济经纬，2015（2）：25-30．
[47] 邵敏，武鹏．出口贸易、人力资本与农民工的就业稳定性——兼议我国产业和贸易的升级［J］．管理世界，2019，35（3）：99-113．
[48] 石智雷，朱明宝．农民工的就业稳定性与社会融合分析［J］．中南财经政法大学学报，2014（3）：49-58，159．
[49] 苏丽锋．我国转型期各地就业质量的测算与决定机制研究［J］．经济科学，2013（4）：41-53．
[50] 汪润泉，赵彤．就业类型、职工养老保险与农民工城市消费［J］．农业技术经济，2018（2）：77-88．
[51] 王德文，蔡昉，张国庆．农村迁移劳动力就业与工资决定：教育与培训的重要性［J］．经济学（季刊），2008，7（04）：1131-1148。
[52] 王剑，陈蓝蓝．不断发展与完善的我国劳动力市场中介组织——历史回顾与未来展望［J］．兰州学刊，2009（2）：161-163．
[53] 王美艳．城市劳动力市场上的就业机会与工资差异——外来劳动力就业与报酬研究［J］．中国社会科学，2005（5）：36-46，205．
[54] 王美艳．农民工消费潜力估计——以城市居民为参照系［J］．宏观经济研究，2016（2）：3-18．
[55] 王美艳．新生代农民工的消费水平与消费结构：与上一代农民工的比较［J］．劳动经济研究，2017，5（6）：107-126．
[56] 王冉，盛来运．中国城市农民工社会保障影响因素的实证分析［J］．中国农村经济，2008（9）：26-34．
[57] 王韬，毛建新．流动人口家庭与城镇家庭的消费差异——基于分位数回归的分析［J］．人口与经济，2015（4）：60-68．
[58] 王湘红，陈坚．社会比较和相对收入对农民工家庭消费的影响——基于RUMiC数据的分析［J］．金融研究，2016（12）：48-62．
[59] 翁杰．政府对农村转移劳动力人力资本投资的效果评估：来自浙江省杭州市制造业的调查［J］．中国人口科学，2012（6）：93-101．
[60] 谢勇，李放．农民工参加社会保险意愿的实证研究——以南京市为例［J］．人口研究，2009，33（3）：63-70．
[61] 谢勇．就业稳定性与新生代农民工的城市融合研究——以江苏省为例［J］．农业经济问题，2015，36（9）：54-62，111．
[62] 邢春冰．农民工与城镇职工的收入差距［J］．管理世界，2008（5）：55-64．

[63] 杨翠迎，王国洪. 最低工资标准对就业：是促进，还是抑制？——基于中国省级面板数据的空间计量研究 [J]. 经济管理，2015，37（3）：12-22.
[64] 杨河清，肖红梅. 就业稳定性对新生代农民工城镇化的影响——基于珠三角地区农民工调查数据 [J]. 经济与管理研究，2014（6）：44-48.
[65] 杨菊华，张娇娇. 人力资本与流动人口的社会融入 [J]. 人口研究，2016，40（4）：3-20.
[66] 杨玉梅，曾湘泉. 农民工培训与就业能力提升——基于河南省阳光工程培训效果的实证研究 [J]. 中国劳动经济学，2011（1）：83-110.
[67] 姚先国，赖普清. 中国劳资关系的城乡户籍差异 [J]. 经济研究，2004，39（7）：82-90.
[68] 张世伟，杨正雄. 最低工资标准提升是否影响农民工就业与工资 [J]. 财经科学，2016（10）：100-109.
[69] 张世伟，王广慧. 培训对农民工收入的影响 [J]. 人口与经济，2010（1）：34-38.
[70] 张艳华，沈琴琴. 农民工就业稳定性及其影响因素——基于4个城市调查基础上的实证研究 [J]. 管理世界，2013（3）：176-177.
[71] 张玉柯，陶永朝，张超. 提高最低工资是否影响就业：建筑业面板数据的实证分析 [J]. 现代财经（天津财经大学学报），2015，35（1）：3-11.
[72] 张展新，高文书，侯慧丽. 城乡分割、区域分割与城市外来人口社会保障缺失——来自上海等五城市的证据 [J]. 中国人口科学，2007（6）：33-41.
[73] 赵曼，刘鑫宏. 中国农民工养老保险转移的制度安排 [J]. 经济管理，2009，31（8）：163-168.
[74] 卓玛草，孔祥利. 农民工收入与社会关系网络——基于关系强度与资源的因果效应分析 [J]. 经济经纬，2016，33（6）：48-53.
[75] 曾湘泉. 劳动力市场中介组织的发展与就业促进 [J]. 中国人民大学学报，2009，23（6）：93-102.
[76] 周闯，贺晓梦，许怡. 就业稳定性视角下农民工与城镇职工的工资差距 [J]. 财经问题研究，2017（10）：132-138.
[77] 周春芳，苏群. 我国农民工与城镇职工就业质量差异及其分解——基于RIF无条件分位数回归的分解法 [J]. 农业技术经济，2018（6）：32-43.
[78] 周林刚. 地位结构、制度身份与农民工集体消费——基于深圳市的实证分析 [J]. 中国人口科学，2007（4）：88-94，96.
[79] 朱宇. 户籍制度改革与流动人口在流入地的居留意愿及其制约机制 [J]. 南方人口，2004，19（3）：21-28.

[80] ANTONINIS M. The wage effects from the use of personal contacts as hiring channels [J]. Journal of Economic Behavior & Organization, 2006, 59 (1): 133-146.

[81] BACHMANN R, BRAUN S. The impact of international outsourcing on labour market dynamics in Germany [J]. Scottish Journal of Political Economy, 2011, 58 (1): 1-28.

[82] BECKER G S. Human capital: A theoretical and empirical analysis with special reference to education [R]. NBER, Cambridge, MA, 1964.

[83] BELOUS R S. The contingent economy: The growth of the temporary, part - time, and subcontracted workforce [M]. Washington, DC: National Planning Associtation, 1989.

[84] BENNER C. Labour flexibility and regional development: The role of labour market intermediaries [J]. Regional Studies, 2003, 37 (6): 621-636.

[85] BERGMANN A, MERTENS A. Job stability trends, lay - offs, and transitions to unemployment in West Germany [J]. Labour, 2011, 25 (4): 421-446.

[86] BJELLAND M, FALLIEK B, HALTIWANGER J, et al. Employer - to - employer flows in the United States: Estimates using linked employer-employee data [J]. Journal of Business & Economic Statistics, 2011, 29 (4): 493-505.

[87] BLANCHARD O J, GIAVAZZI F. Rebalancing growth in China: A three-handed approach [R]. Massachusetts Institute of Technology Department of Economics Working Paper, 2005, No. 32.

[88] BLAQUUEZ-CUESTA M. Low-wage employment and mobility in Spain [J]. Labour, 2008, 22 (1): 115-146.

[89] BLINDER A. Wage discrimination: Reduced form and structural estimates [J]. Journal of human resources, 1973, 8 (4): 436-455.

[90] BLUNDELL R, DEARDEN L, MEGHIR C, et al. Human capital investment: The returns from education and training to the individual, the firm and the economy [J]. Fiscal Studies, 1999, 20 (1): 1-23.

[91] BLISJOLY J, DUNCAN G J, SMEEDING T. The shifting incidence of involuntary job losses from 1968 to 1992 [J]. Industrial Relations: A Journal of Economy and Society, 2010, 37 (2): 207-231.

[92] BOOCKMANN B, STEFFES S. Workers, firms, or institutions: What

determines job duration for male employees in Germany? [J]. Industrial and Labor Relations Review, 2010, 64 (1): 109-127.

[93] BRANDT N, BURNIAUX J M, DUVAL R. Assessing the OECD jobs strategy: Past developments and reforms [R]. OECD Economics Department Working Paper, 2005, No. 429.

[94] de BRAUW A, GILES J. Migrant opportunity and the educational attainment of youth in rural China [J]. Journal of Human Resource, 2017, 52 (1): 272-311.

[95] BROWN C, GILROY C, KOHEN A.The effect of the minimum wage on employment and unemployment [J]. Journal of Economic Literature, 1982, 20 (2): 487-528.

[96] BUHAI S I, PORTELA M A, TEULINGS C N, et al.Returns to tenure or seniority? [J]. Cepr Discussion Papers, 2014, 82 (2): 705-730.

[97] BULOW J I, SUMMERS L H. A theory of dual labor markets with application to industrial policy, discrimination, and Keynesian unemployment [J]. Journal of Labor Economics, 1986, 4 (3): 376-414.

[98] BURGESS S, REES H. Job tenure in Britain 1975-1992 [J]. The Economic Journal, 1996, 106 (435): 334-344.

[99] CARD D, KRUEGER B A. Minimum wages and employment: A case study of the fast food industry in New Jersey and Pennsylvania [J]. The American Economic Review, 1994, 84 (4): 772-793.

[100] CARD D. Do minimun wages reduce employment? A case study of California, 1987-89 [J]. Industrial and Labor Relations review, 1992, 46 (1): 38-54.

[101] CARD D, KLUVE J, WEBER A.What works? A meta analysis of recent active labor market program evaluations [R]. NBER Working Papers, 2015, No. 21431.

[102] CENTENO M, DUARTE C , Novo A A. The impact of the minimum wage on match stability [R]. IZA Discussion Papers, 2014.

[103] CHAMON M, PRASAD E.Why are saving rates of urban households in China rising? [J]. American Economic Journal—Macroeconomics, 2010, 2 (1): 93-130.

[104] CHEN Y, WANG L, ZHANG M. Informal search, bad search? The effects of job search method on wages among rural migrants in urban China [J]. Journal of Population Economics, 2017, 31 (3): 1-40.

[105] CHO J, KEUM J.Dualism in job stability of the Korean labour market: The impact of the 1997 financial frisis [J]. Pacific Economic Review, 2009, 14 (2): 155-175.

[106] CLARK A E. Your money or your life: Changing job quality in OECD countries [J]. British Journal of Industrial Relations, 2005, 43 (3): 377-400.

[107] CLARK A E, POSTEL-VINAY F. Job security and job protection [J]. Oxford Economic Papers, 2009, 61 (2): 207-239.

[108] DAVIS S J, HALTIWANGER J. Labor market fluidity and economic performance [R]. NBER Working Papers, 2014, No.20479.

[109] DAVOINE L, ERHEL C, Guergoatlariviere M.Monitoring quality in work: European employment strategy indicators and beyond [J]. International Labour Review, 2010, 47 (2): 163-198.

[110] DIEBOLD F X, NEUMARK D , POLSKY D. Comment on Kenneth A. Swinnerton and Howard Wial, "Is job stability declining in U.S. economy? " [J] .Industrial and Labor Realations Review.1996, 49 (2): 348-352.

[111] DOERINGER P, PIORE M. Internal labor markets and manpower analyisis [M]. Lexington, MA: DC Health, 1971.

[112] DUBE A, LESTER S, REICH M. Minimum wage effects across state borders: Estimates using contiguous counties [J]. Review of Economics and Statistics, 2010, 92 (4): 945-964.

[113] DUBIN J, McFADDEN D.An econometric analysis of residential electric appliance holdings and consumptions [J]. Econometrica, 1984, 52 (2): 345-362.

[114] DUTSCH M, STRUCK O. Employment trajectories in Germany: Do firm characteristics and regional disparities matter? [J]. Journal for Labour market research, 2014, 47 (1-2): 107-127.

[115] EGGER P, PFAFFERMAYR M, WEBER A. Sectoral adjustment of employment to shifts in outsourcing and trade: Evidence from a dynamic fixed effects multinominal logit model [J]. Journal of Applied Econometrics 2007, 22 (3): 559-580.

[116] ERLINGHAGEN M, KNUTH M.In search of turbulence [J]. European Societies, 2004, 6 (1): 49-70.

[117] FARBER H S. Are lifetime jobs disappearing? Job duration in the United States: 1973-1993 [R]. NBER Working Papers, 1995, No. 5014.

[118] FARBER H S.Mobility and stability: The dynamics of job change in labor markets [C] // Handbook of Labor Economics, Volume 3, Elsevier Science , 1999.

[119] FEI J C H, RANIS G. Development of the labor surplus economy: Theory and policy [J]. The Economic Journal, 1967, 77 (306): 480-482.

[120] FOUGERE D, PRADEL J, MURIEL R. Does the public employment service affect search effort and outcomes? [J]. European Economic Review, 2008, 53 (7): 846-869.

[121] FRIEDLANDER D, GREENBERG D H, ROBINS P K. Evaluating government training programmes for the economically disadvantaged [J]. Journal of Economic Lliterature, 1997, 35 (4): 1809-1855.

[122] GARTH S.Old boy networks as screening mechanisms [J]. Journal of Labor Economics, 1985, 3 (3): 255-267.

[123] GIVORD P, MAURIN E. Job tenure, wages and technology: A reassessment using matched worker-firm panel data [R]. CEPR Discussion Paper 2003, No. 4147.

[124] GOLDSTEIN S.Forms of mobility and their policy implications: Thailand and China compared [J]. Social Forces, 1987, 65 (4): 915-942.

[125] GREEN F.Demanding work: The paradox of job quality in the affluent economy [J]. Industrial and Labor Relations Review, 2006, 33 (4): 498-500.

[126] GREGG P, WADSWORTH J. A short history of labour turnover, job tenure and job security, 1975-93 [J]. Oxford Review of Economic Policy, 1995, 11 (1): 73-90.

[127] GREGG P, WADSWORTH J. Job tenure in Britain, 1975-2000: Is a job for life or just for Christmas? [J]. Oxford Bulletin of Economics and Statistics, 2002, 64 (2): 111-134.

[128] GROSSMAN G M, ROSSI - HANSBERG E. Trading tasks: A simple theory of offshoring [J]. American Economic Review, 2008, 98 (5): 1978-1997.

[129] HARRIS R J, TODARO P M. Migration, unemployment, and development: A twosector analysis [J]. American Economic Review, 1970, 60: 126-142.

[130] HECKMAN J J. Sample selection bias as a specification error [J].

Econometrica, 1979, 47 (1): 153-162.

[131] HEINRIEH J C, MUESER R P, TROSKE R K. Welfare to temporary work: Implications for labor market outcomes [J]. Review of Economics and Statistics, 2005, 87 (1): 154-173.

[132] HEINTZ J. Beyond Sweatshops: Employment, labor market security and global inequality [J]. Antipode, 2004, 36 (2): 222-226.

[133] HICKS J R.The theory of wages [M] London: Macmillan, 1932.

[134] HIRSCH B, SCHNABEL C. Women move differently: Job separations and gender [J]. Journal of Labor Research, 2012, 33 (4): 417-442.

[135] HEISZ A. The Evolution of job stability in Canada: Trends and comparisons with US Results [J]. Canadian Journal of Economics, 2005, 38 (1): 105-127.

[136] HUGO G. Circular migration in Indonesia [J]. Population and Development Review, 1982, 8 (1): 59-83.

[137] HYATT H, SPLETZER J. The recent decline in employment dynamics [J]. IZA Journal of Labor Economics, 2013, 2 (1): 1-21.

[138] JOVANOVIE B.Job matching and the theory of turnover [J]. Journal of Political Economy, 1979, 87 (5): 972-990.

[139] KATO T. The end of lifetime employment in Japan: Evidence from national surveys and field research [J]. Journal of the Japanese and International Economies, 2001, 15 (4): 595-615.

[140] KEITH K, McWILLIAMS A.The wage effects of cumulative job mobility [J]. Industrial and Labor Relations Review, 1995, 71 (4): 121-137.

[141] KENNAN J. The elusive effects of minimum wage [J]. Journal of Economic Literature, 1995, 33 (4): 1949-1965.

[142] KAPLAN G, SCHULHOFER - WOHL S. Understanding the long - run decline in interstate migration [R]. NBER Working Papers, 2012, No.18507.

[143] KNIGHT J, YUEH L. Job mobility of residents and migrants in urban China [J]. Journal of Comparative Economics, 2004, 32 (4): 637-660.

[144] KUIJS L. Investment and saving in China [R]. World Bank Policy Research Working Paper, 2005, No. 3633.

[145] LaLONDE R J. The promise of public sector-sponsored training programs [J]. The Journal of Economic Perspectives, 1995, 9 (2): 149-168.

[146] LEE L F. Generalized econometric models with selectivity [J]. Econometrica, 1983, 51 (2): 507-512.

[147] LESCHKE J, WATT A. Challenges in constructing a multi-dimensional European job quality index [J]. Social Indicators Research, 2014, 218 (1): 1-31.

[148] LEWIS W A. Economic development with unlimited supplies of labour [J]. The Manchester School of Economic and Social Studies, 1954, 22 (2): 139-191.

[149] LOURY L D. Some contacts are more equal than others: Informal networks, job tenure, and wages [J]. Journal of Labor Economics, 2006, 24 (2): 299-318.

[150] MARCOTTE E D. Declining job stability: What we know and what it means [J]. Journal of Policy Analysis and Management, 1995, 14 (4): 590-598.

[151] MARCOTTE E D. Has job stability declined? Evidence from the panel study of income dynamics [J]. American Journal of Economics and Sociology, 1999, 58 (2): 197-216.

[152] MARTIN J P, GRUBB D. What works and for whom: A review of OECD countries' experiences with active labour market policies [J]. Swedish Economic Policy Review, 2002, 8 (2): 9-56.

[153] McCALL J. Economics of information and job search [J]. Quarterly Journal of Economics, 1970, 84 (1): 113-126.

[154] Meng X. Regional Wage gap, information flow, and rural - urban migration [C] // Rural Labor Flows in China. Berkeley: University of California Press, 2000.

[155] MENG X. The informal sector and rural-urban migrantion-a Chinese case study [J] .Asian Economic Journal, 2001, 15 (1): 71-90.

[156] MENG X, ZHANG J. The Two - tier labor market in urban China: Occupational segregation and wage differentials between urban residents and rural migrants in Shanghai [J]. Journal of Comparative Economics, 2001, 29 (3): 485-504.

[157] MINCER J. Unemployment effects of minimum wages [J]. Journal of Political Economy, 1976, 84 (1): 84-104.

[158] MITRA D, RANJAN P. Offshoring and unemployment: The role of search frictions and labor mobility [J]. Journal of International

Economics, 2010, 81 (2): 219–229.

[159] MOLLOY R, SMITH C L. WOZNIAK A. Changing stability in U. S. employment relationships: A tale of two tails [R]. Washington: Board of Governors of the Federal Reserve System, Finance and Economics Discussion Series, 2020, No.17.

[160] MOGIGLIANI F, CAO S L.The Chinese saving puzzle and the life cycle hypothesis [J]. Journal of Economic Literature, 2004, 42 (1): 145–170.

[161] MOLLOY R S, SMITH C L, WOZNIAK A K.Declining migration within the U.S.: The role of the labor market [R]. NBER Working Papers, 2014, No.20065.

[162] MOTENSEN D T.Job search, the duration of unemployment, and the Phillips Curve [J]. 1970, 60 (5): 505–517.

[163] MORTENSEN D T. Markets with search friction and the DMP model [J]. American Economic Review, 2011, 101 (4): 1073–1091.

[164] MORTENSEN T D, VISHWANATH T.Personal contacts and earnings: It is who you know! [J]. Labor Economics, 1994, 1 (2): 187–201.

[165] MUFFELS R, LUIJKX R.Job mobility and employment patterns across European welfare states. Is there a trade-off or a double bind between flexibility and security? [R]. Amsterdam: Institute for the Social Sciences, 2005.

[166] MUNASINGHE L, REIF T, HENRIQUES A .Gender gap in wage returns to job tenure and experience [J]. Labour Economics, 2008, 15 (6): 1296–1316.

[167] MUNCH J R. Whose job goes abroad? International outsourcing and individual job separations [J]. Scandinavian Journal of Economics, 2010, 112 (2): 339–360.

[168] NEUMARK D, WASCHER W. Minimum wages and employment: A case study of the fast-food industry in New Jersey and Pennsylvania: comment [J]. American Economic Review, 2000, 90 (5): 1362–1396.

[169] NEUMARK D., SALAS I, WASCHER W.Revisiting the minimum wage-employment debate: Throwing out the baby with the bathwater? [R]. NBER Working Paper, 2013, No. 18681.

[170] NEUMARK D, WASTCHER W. Minimum wages and employment: A

review of evidence from the new minimum wage research [R]. NBER Working Paper, 2006, No.12663.

[171] NIU X, XU W, LIU Y, et al.Job-search channels of migrant workers in large Chinese cities: A case study of Shanghai [J]. The China Review, 2016, 16 (3): 69-91.

[172] OAXACA R.Male-Female Wage differentials in urban labor markets [J]. International Economic Review, 1973, 14 (3): 693-709.

[173] OECD.Employment outlook 1997 [R]. OECD, Paris, 1997.

[174] PARSONS D O.Specific human capital: An application to quit rates and layoff rates [J]. Journal of Political Economy, 1972, 80 (6): 1120-1143.

[175] PAULINE G.Job Tenure, wages and technology: A reassessment using matched worker-firm panel data [R]. CEPR Discussion Papers, 2003.

[176] PETRONGOLO B, PISSARIDES C A. Looking into the black box: A survey of the matching function [J]. Journal of Economic Literature, 2001, 39 (2): 90-431.

[177] PIGNATTI MORANO C. Do public employment services improve employment outcomes? Evidence from Colombia [R]. International Labour Office, Research Department Working Paper, 2016, No. 10.

[178] PIORE M J. Birds of Passage: Migrant labor and industrial societies [M]. Cambridge: Cambridge University Press, 1979.

[179] PISSARIDES C A. Equilibrium unemployment theory 2nd Ed [M]. Cambridge, MA: MIT Press, 2000.

[180] PORTUGAL P, CARDOSO A R. Disentangling the minimum wage puzzle: An analysis of worker accessions and separation [J]. Journal of the European Economic Association, 2006, 4 (5): 988-1013.

[181] REBOLLO-sANZ Y F, GAREIA-PEREZ J I.Are unemployment benefits harmful to the stability of working careers? The case of Spain [J]. Series, 2015, 6 (1): 1-41.

[182] SIMON J C, WARNER T J. Matchmaker: The effect of old boy networks on job match quality, earnings, and tenure [J]. Journal of Labor Economics, 1992, 10 (3): 306-329.

[183] SJAASTAD L A.The costs and return of human migration [J]. Journal of Political Economy, 1962, 70 (5): 80-93.

[184] SMITH P J, WELCH R F.Black economic progress after myrdal [J].

Journal of Economic Literature, 1989, 27 (2): 519-564.

[185] STANDING G. Global labor flexibility-seeking distributive justice [M]. London: Macmillan, 1999.

[186] STIGLER G J. The Economics of minimum wage legislation [J]. The American Economic Reviews, 1946 36 (3): 358-365.

[187] SWINNERTON K, WIAL H. Is job stability declining in the U.S economy? [J]. Industrial and Labor Relations Review, 1995, 48 (2): 293-304.

[188] TANGIAN A S. Defining the flexicurity index in application to european countries [R]. WSI Working Papers, 2004, No.122.

[189] TERZA J V, BASU A, RATHOUZ P J. Two-stage residual inclusion estimation: Addressing endogeneity in health econometric modeling [J]. Journal of Health Economics, 2008, 27 (3): 531-543.

[190] TODARO P M. A model of labor migration and urban unemployment in less developed countries [J]. American Econmic Review, 1969, 59 (1): 138-148.

[191] VERA C P. A quasi-experimental evaluation of the public employment service in Peru [R]. Zirve University Working Paper, 2013.

[192] WINKELMANN R, ZIMMERMANN F, KLAUS F. Is job stability declining in Germany? Evidence from count data models [J]. Applied Economics, 1998, 30 (11): 1413-1420.

[193] ZHAO Y. The Role of migrant networks in labor migration: The case of China [J]. Contemporary Economic Ppolicy, 2003, 21 (4): 500-511.

索引